W0253337

FAMINE AU SUD
MALBOUFFE AU NORD

MARC DUFUMIER

FAMINE AU SUD MALBOUFFE AU NORD

Comment le bio peut nous sauver

NiL

© NiL éditions, Paris, 2012
ISBN 978-2-84111-527-3

« Il y a deux façons de vaincre la résistance de la nature : l'une est répressive, l'autre est libératrice. Grâce à la seconde, la misère, la violence, la cruauté diminuent. »

Herbert MARCUSE,
L'Homme unidimensionnel

Préambule

Aujourd'hui, un milliard d'êtres humains ne mangent pas à leur faim. Par commodité, ou lâcheté, nous voulons croire qu'il s'agit là d'une fatalité : ce serait la faute des guerres, de l'explosion démographique, des aléas du climat. En réalité, les causes sont ailleurs. Du côté de nos agricultures subventionnées et hautement mécanisées.

Cette agriculture productiviste, nous commençons à en découvrir les effets néfastes sur la santé et l'environnement. Mais nous continuons de croire qu'il ne s'agit là que d'effets secondaires et qu'elle reste la seule agriculture moderne, la seule capable de nourrir la planète et de subvenir aux besoins des agriculteurs.

Et si tout cela n'était que des croyances infondées ? Et si nous regardions objectivement les résultats des systèmes agricoles, en nous appuyant sur les études et les expériences menées en France ou à l'étranger ? Et si cette agriculture, loin d'être une solution obligée, était la cause de beaucoup de nos problèmes ?

On pense que l'agriculture est un sujet uniquement technique. J'ai voulu montrer avec ce livre qu'il est à la source des grandes questions actuelles sur l'environnement, la santé, le chômage ou les phénomènes migratoires, et donc que les politiques agricoles ne peuvent plus être confisquées par des experts et des lobbies. Une part des décisions doivent revenir aux paysans (qui ont perdu une grande partie de leur pouvoir) et aux citoyens (qu'on noie sous des discussions techniques autour de la réforme de la PAC[1]). Ce sera difficile bien sûr, car des décisions éclairées ont peu de chances de garder les choses en l'état. L'agriculture actuelle déraille : la faim ne recule pas, les périls écologiques et sanitaires augmentent. Mais que décide-t-on le plus souvent ? De poursuivre dans la même voie alors que des solutions alternatives existent. Et qu'elles fonctionnent déjà.

Ce livre est le fruit d'une longue réflexion personnelle : celle d'un agronome engagé depuis quarante ans dans des projets de développement pour mettre fin à la faim et à la malnutrition, et qui, en France, observe le fonctionnement et les dysfonctionnements de notre agriculture. Quarante années d'observations et d'échanges qui m'ont permis, je

1. Politique agricole commune de l'Union européenne.

crois, d'avoir une vision globale des enjeux agricoles que j'ai essayé de résumer dans cet ouvrage[1].

Tout jeune ingénieur agronome diplômé de l'Institut national agronomique de Paris[2], je suis parti en coopération à Vohipeno, sur la côte sud-est de Madagascar, avec pour « mission » de vulgariser de nouvelles techniques de production rizicole, que nous qualifiions, bien prétentieusement, d'« améliorées ». Courtoisement mais fermement les paysans malgaches résistèrent à nos conseils : la nouvelle variété de riz que nous leur proposions leur paraissait trop fragile, ils préféraient utiliser les insecticides que nous leur fournissions pour lutter contre les puces et les punaises dans leurs maisons, et ils refusaient de perdre du temps à repiquer en ligne comme nous l'avions appris. De fait, toutes ces solutions étaient mauvaises… car inadaptées aux spécificités locales. Pas mauvaises en soi, mauvaises pour eux, dans leurs situations particulières. Il m'a fallu du temps pour m'en rendre compte, trop sans doute, mais ma carrière d'agronome a commencé à ce moment-là. C'est grâce à ces paysans malgaches que j'ai compris que nous avions intérêt à faire fructifier les savoir-faire paysans au lieu de les éradiquer au profit de

1. Un glossaire répertorie les termes et notions essentiels évoqués.

2. Devenu aujourd'hui l'AgroParisTech.

normes agronomiques standard. Qu'ils en soient ici vivement remerciés car je leur dois beaucoup de ce que je sais aujourd'hui.

Envoyé ultérieurement au Venezuela, pour y travailler dans le cadre d'une bien timide réforme agraire, j'ai compris l'importance des conditions d'accès aux terres et aux moyens de production agricole : d'un côté, je voyais des paysans pauvres qui avaient intérêt à accroître leurs productions vivrières à l'hectare mais n'en avaient pas les moyens sur leurs trop petits lopins ; de l'autre, je voyais de grands propriétaires qui en avaient largement les moyens mais n'y avaient pas intérêt, privilégiant des systèmes de culture et d'élevage extensifs, excessivement spécialisés. Le jeune agronome que j'étais a donc commencé à lever la tête de son champ pour prendre en compte les conditions socioéconomiques dans lesquelles travaillent les paysans. C'est ce que je me suis toujours efforcé de faire plus tard en Amérique centrale, au Brésil, dans les Andes, en Afrique australe, aux Philippines, au Laos, au Vietnam, en Mauritanie, au Mali, en Haïti, au Nicaragua, en Équateur, avec mes collègues de la chaire d'agriculture comparée d'AgroParisTech, que j'ai eu l'honneur de présider. Ces voyages m'ont permis de réaliser que la faim dans le monde n'a pas pour origine une quelconque insuffisance de denrées disponibles à l'échelle mondiale, mais la pauvreté chronique des paysans du Sud : travaillant encore à la main, ils sont incapables de résister à la concurrence des surproductions exportées à vil prix par les pays du Nord et les quelques grands domaines brésiliens ou argentins, et sont donc condamnés à migrer massivement vers les villes, les forêts tropicales ou l'étranger.

Évidemment, le portrait que je dresse dans les pages qui suivent de l'agriculture mondiale est inquiétant. Mais c'est un livre d'espoir car les solutions existent. Il est techniquement possible de nourrir correctement l'humanité tout entière, avec des techniques de culture et d'élevage respectueuses de l'environnement. L'agroécologie que je défends dans ce livre – l'« agriculture bio » pour dire les choses rapidement – n'est pas un rêve, c'est une pratique où la science et les savoirs ancestraux des paysans se répondent. Des savoirs, nous en avons aussi sur les supposées « améliorations » de l'agriculture productiviste et nous les mettons à disposition des paysans. Avec quels résultats ? Beaucoup des politiques que j'ai rencontrés ont ces informations mais, sous le poids des lobbies, n'en tiennent pas forcément compte au moment de décider. Le grand public, lui, les ignore largement, bercé par les fantasmes entourant l'agriculture productiviste et l'agriculture bio. Agronome arrivé au terme de ma carrière, citoyen de plus en plus concerné par ces questions, je ne pouvais partir à la retraite sans dire ce que nous savons.

1

Le grand dérèglement

Au Sud : le manque

La famine est apparue une première fois sur nos écrans au milieu des années 1960. En Inde, faute d'infrastructures suffisantes, les populations affamées ne pouvaient recevoir l'aide alimentaire internationale. Et puis ce furent les grandes sécheresses de 1973 en Afrique sahélo-soudanienne où des centaines de milliers de personnes périrent par manque de céréales. Plusieurs régions du Bangladesh, du Brésil, des Andes ainsi que les îles des Caraïbes connurent le même sort. On assista aux premiers grands mouvements migratoires de paysans. Et la question de la surpopulation mondiale devint un enjeu brûlant : l'agronome René Dumont, mon prédécesseur à la chaire d'agriculture comparée de l'Institut national agronomique de Paris, mettait en garde l'opinion contre les risques d'une croissance démographique galopante. Jamais, selon lui, la production agricole ne pourrait s'aligner sur la courbe de la population mondiale[1]. La décennie suivante sembla lui donner raison avec une autre grande sécheresse, et une autre terrible famine en 1984. Trois grandes famines en vingt ans : les corps décharnés des petits Africains étaient entrés dans nos imaginaires occidentaux.

Et puis nous nous sommes mis à croire au progrès. Agricole tout du moins. Le recours à de nouvelles variétés de plantes à haut potentiel de rendement, joint au succès relatif de ce que l'on a sans doute un peu trop vite appelé « révolution verte », a pu donner l'impression que la situation s'améliorait. Les progrès de l'agriculture allaient-ils éradiquer la faim ? C'est ce qu'on voulut croire, tandis que germait l'idée que la faim et les disettes des années 1990 et 2000 (Éthiopie, Somalie, Liberia, Sierra Leone, Sri Lanka) étaient davantage le résultat des guerres civiles ou internationales que d'un manque de disponibilité alimentaire. Et puis il y eut les émeutes de la faim de 2007-2008 qui mirent fin à ces illusions. Elles touchèrent des pays pour la plupart épargnés par les conflits : le Maroc, le Cameroun, le Sénégal, l'Égypte, le Mexique, le

1. Dumont R., *La Croissance de la famine ! Une agriculture repensée*, Paris, Le Seuil, 1975.

Honduras, Haïti, l'Indonésie, les Philippines. Preuve était faite que ce ne sont pas les conflits qui causent les famines, mais les famines qui causent des conflits.

Ainsi, au XXIe siècle, une bonne partie de l'humanité continue de mourir de faim. L'Organisation des Nations unies pour l'alimentation et l'agriculture (FAO) estime que sur les sept milliards d'humains qui peuplent notre planète, près d'un milliard n'a toujours pas accès aux deux mille deux cents kilocalories quotidiennes nécessaires. À quoi il faut ajouter près de deux milliards de personnes souffrant de carences nutritionnelles en protéines, vitamines ou minéraux, et donc plus vulnérables aux maladies et au handicap[1]. Et encore s'agit-il d'estimations basses puisque ces chiffres augmentent dès que les cours des produits agricoles et alimentaires grimpent, souvent sous le coup de simples perturbations météorologiques... En toute logique, ils devraient donc diminuer quand les prix baissent, mais il n'en est rien. Entre 1998 et 2006, époque où les cours mondiaux des céréales étaient au plus bas (voir graphique 1, cahier central) car notre planète croulait sous les excédents en provenance des grandes puissances agricoles (États-Unis, Canada, Union européenne, Argentine, Brésil), des disettes ont continué de frapper l'Afrique subsaharienne,

1. Kwashiorkor, anémies, goitre, cécité, etc.

l'Asie du Sud (Bangladesh, Cachemire, plateau du Deccan, etc.), l'Altiplano andin (Bolivie, Pérou), l'Amérique centrale (Nicaragua, Salvador, Guatemala) et les Caraïbes (Haïti). Sur cette période de production pléthorique, le nombre de personnes sous-alimentées n'est jamais descendu au-dessous des huit cents millions. Par manque d'aliments ? Non.

Pour nourrir modestement mais correctement un être humain, il faut disposer annuellement d'environ deux cents kilos de céréales ou d'un équivalent en tubercules ou autres produits amylacés (bananes, fruits à pain, etc.). Or, nous produisons chaque année en moyenne dans le monde plus de trois cent trente kilos de cette nourriture par habitant. Il y a donc de quoi nourrir tout le monde. Mais cette production est incroyablement, scandaleusement, absurdement mal répartie (voir graphique 2) : moins de deux cents kilos d'équivalent céréales par an et par habitant dans de nombreux pays africains ; plus de six cents kilos dans la plupart des pays dits du Nord.

Il ne faut donc pas aller chercher les causes de la faim et de la malnutrition dont souffrent plus d'un milliard de personnes dans le monde du côté d'une supposée insuffisance de la production alimentaire à l'échelle mondiale. C'est moralement plus confortable de penser ainsi, mais c'est faux.

Contrairement à ce que prédisait René Dumont, nos agricultures sont largement en mesure de nourrir la planète : ses sept milliards d'habitants aujourd'hui, ses neuf milliards demain. Si tout le monde ne mange pas à sa faim c'est juste parce qu'une part significative de la population mondiale n'a pas de quoi se payer à manger.... alors que des quantités croissantes de céréales et protéagineux trouvent preneur auprès des fabricants d'aliments de bétail et des usines d'agrocarburants. Comble de ce sinistre paradoxe : certains pays du Sud (Inde, Thaïlande, Brésil, Argentine...) écoulent leurs surplus agroalimentaires sur les marchés solvables du Nord alors même qu'une part importante de leur population meurt de faim. Et le Sud n'a pas le monopole de ces aberrations : chez nous, pays de surproduction alimentaire, une frange croissante de la population ne peut se nourrir que dans les Restaurants du cœur et les cantines de l'Armée du Salut.

La communauté internationale a mis en place un mécanisme censé secourir les populations affamées pendant les périodes de pénurie : l'aide alimentaire. En réalité, ce système est souvent inefficace. Et parfois un facteur aggravant (voir graphique 3). En effet, dans les périodes de pénurie momentanée, suite à de graves sécheresses ou inondations dans les pays ordinairement en excédent, les cours des produits agricoles et alimentaires grimpent ; les puissances exportatrices du Nord s'empressent alors de placer leurs produits sur les marchés solvables (fabriques d'aliments de bétail et d'agrocarburants) et cessent leur aide alimentaire, de sorte que les organisations caritatives et la FAO ont énormément de difficultés à procurer des vivres aux plus démunis. À l'inverse, en période de surproduction, les prix s'effondrent et les pays du Nord cherchent à se débarrasser de leurs excédents au Sud, à des prix de dumping ou sous forme d'aide alimentaire gratuite, de façon à faire remonter les cours chez eux. Le drame est que cela a pour effet de ruiner les paysans du Sud qui se trouvent contraints de vendre eux aussi leurs faibles productions à vil prix, voire sont dissuadés de produire des céréales pour les besoins de leurs propres pays.

Ce scandale est dénoncé de toutes part mais rien n'y fait : les gouvernements des pays déficitaires veulent bénéficier de la gratuité de l'aide alimentaire au risque d'exposer leurs populations à des pénuries lorsque celle-ci disparaît[1].

---

1. C'est ce qui s'est produit encore récemment au Pakistan : frappée par de terribles inondations au cours de l'été 2010, la population pakistanaise a été quasiment privée de toute aide alimentaire internationale au moment où la Russie, elle-même affectée par une grave canicule, cessait d'exporter du blé.

Les pauvres qui n'atteignent pas le seuil d'une alimentation correcte sont pour plus des deux tiers des agriculteurs ! et, pour le reste, des populations autrefois agricoles ayant migré vers les villes. Massif, l'exode rural précède en effet bien souvent la création d'emplois dans les centres urbains, car les industries modernes qui s'y établissent aujourd'hui sont pour la plupart hautement mécanisées et demandent donc relativement peu de travailleurs. Les activités de services, quant à elles, exigent une qualification à laquelle n'ont que très rarement accès les paysans. Bref, ces populations n'ont pas la formation professionnelle pour s'intégrer correctement au tissu économique, et elles finissent entassées dans des bidonvilles avec comme seule perspective de survie le petit commerce informel. La question alimentaire mondiale ne peut donc trouver de solution que si les producteurs agricoles des pays pauvres parviennent à ne pas quitter leur campagne. Dit autrement : la question alimentaire ne peut trouver de solution que si les producteurs agricoles du Sud augmentent leur productivité et leurs revenus.

Pour cela, ils doivent revoir la nature de leurs productions. Les émeutes de la faim de 2007 et 2008 ont montré que les exportations de café, de cacao, de bananes, de vanille ou de caoutchouc ne rapportent plus assez. Pour s'en sortir, les pays du

Sud doivent produire davantage de produits vivriers et de céréales, à la fois pour leur consommation personnelle et pour les exporter. Car les grands marchés agricoles de demain sont là. Les classes moyennes indienne, chinoise ou brésilienne accordent une part croissante de leur pouvoir d'achat aux produits animaux (œufs, lait, viande). Or il faut de trois à dix calories végétales pour produire une calorie animale. La demande en produits végétaux va donc exploser. S'il veut fixer ses populations agricoles et enrayer les famines, le Sud devra répondre par lui-même à cette demande, et donc doubler, dans les quarante ans qui viennent, sa production de céréales, tubercules et autres produits amylacés.

Au Nord : le trop-plein

Alors qu'au Sud les populations souffrent de manques, au Nord, elles souffrent de trop-plein. Dans nos pays industrialisés, les diététiciens craignent les conséquences néfastes sur notre santé de la surconsommation de viande rouge[1], de produits

1. Chaque Français consomme en moyenne quatre-vingt-dix kilos de viande par an, soit trois fois plus qu'avant la Seconde Guerre mondiale.

laitiers et de « mauvaises graisses[1] » : ces aliments pourraient favoriser les accidents vasculaires cérébraux, l'hypertension artérielle, etc. En Grande-Bretagne et aux États-Unis, un quart de la population souffre de surpoids et 30 % d'obésité. Le pourcentage d'obèses est moindre en France mais il ne cesse de s'accroître depuis 1997. La prévalence du diabète, proche de 8 % de la population en Europe et en Amérique du Nord, serait due, quant à elle, à la consommation exagérée de sucres et d'alcool. Et, bien qu'il soit encore difficile d'isoler un seul facteur pour expliquer l'explosion du nombre de cancers et d'allergies, et l'apparition de certains troubles de la reproduction (moindre fertilité des hommes) ou de dysfonctionnements neurologiques (maladie de Parkinson), de fortes présomptions pèsent sur les pesticides résiduels présents dans notre alimentation et dans les eaux de boisson. Bref, le Nord mange trop. Et mange mal.

Pourtant, l'espérance de vie à la naissance n'a pas cessé d'augmenter en France et en Europe depuis la Seconde Guerre mondiale : de soixante-trois ans en 1946, nous sommes passés à plus de quatre-vingt-deux ans aujourd'hui. L'amélioration

1. Acides gras saturés ou insaturés trans contenus dans l'huile de palme et de nombreux plats préparés industriellement.

globale de notre hygiène alimentaire y contribue largement. Mais cela n'empêche pas le corps médical de se demander, aujourd'hui, si le mouvement ne serait pas à la veille de s'inverser. En cause : l'exposition des jeunes générations à une alimentation de plus en plus contaminée par des restes d'herbicides, de fongicides ou d'insecticides[1].

Logiquement, les associations de consommateurs se préoccupent chaque jour davantage de la sécurité sanitaire des aliments et demandent que l'on soit mieux informés sur leur origine et leur processus de fabrication. Cela pousse les pouvoirs publics à mettre en œuvre toujours plus de systèmes de contrôle et de traçabilité, « de la fourche à l'assiette ». Une exigence accrue de certifications, parfaitement légitime, mais souvent mal accueillie par les agriculteurs qui s'estiment incompris. Ils aimeraient qu'on leur rende hommage pour les progrès accomplis en matière de productivité. Au lieu de quoi le Grenelle de l'environnement leur demande de réduire de moitié en dix ans, « si possible », l'usage des pesticides sur le territoire français. Injuste ? C'est ainsi que beaucoup le vivent, d'autant qu'ils ont le sentiment,

1. Une étude réalisée en 2007 par la Direction générale de la concurrence, de la consommation et de la répression des fraudes (DGCCRF) a montré que 50 % des fruits et légumes vendus dans le commerce contenaient des pesticides.

justifié, d'avoir répondu aux exigences de productivité imposées par la politique agricole d'après-guerre. Incompris, blessés, certains en viennent à réfuter les critiques adressées par les associations environnementalistes... parfois au mépris des faits.

Cela fait des années, par exemple, que le mouvement Eau et rivières de Bretagne incrimine les effluents d'élevage (lisiers, purins, etc.) et les épandages inconsidérés d'engrais azotés et phosphatés dans la pollution des eaux de ruissellement comme des nappes phréatiques. Nous le savons aujourd'hui : ces produits sont la cause de la prolifération d'algues nocives sur le littoral breton, les fameuses « algues vertes ». Mais les agriculteurs de la région, *via* la Fédération départementale des syndicats des exploitants agricoles (FDSEA), continuent, malheureusement, à s'exonérer de toute responsabilité. Dans une note confidentielle, publiée par *Ouest-France* le 21 octobre 2009, le préfet des Côtes-d'Armor pointe cette cécité : « La diminution visible et notable de ce phénomène (des algues vertes) ne pourra passer que par un changement profond des pratiques agricoles concernées, ce que la profession agricole n'est pas prête à accepter pour le moment. »

Mon propos n'est pas de stigmatiser les agriculteurs : ils n'ont fait que ce que les agro-industries leur ont demandé et ce que les politiques publiques les ont encouragés à faire. Il est encore moins de stigmatiser les agriculteurs bretons : le phénomène se rencontre dans toutes les régions de grandes cultures céréalières et industrielles où l'on n'assiste pas à la prolifération d'algues vertes mais où les épandages inconsidérés d'engrais de synthèse et de produits phytosanitaires maintiennent les eaux à un niveau de qualité bien insuffisant. D'après des chiffres publiés en mars 2010 par le ministère de l'Écologie et du Développement durable, plus de la moitié des eaux de surface du territoire métropolitain sont dans un état écologique moyen, médiocre ou mauvais. Les zones dites « vulnérables », avec une teneur en nitrates des nappes phréatiques supérieure à quarante milligrammes par litre, en constituent la moitié, et 53 % des eaux souterraines présenteraient des concentrations en pesticides trop élevées. Pour ce qui est des eaux côtières, loin de se limiter au seul littoral breton, l'asphyxie concerne aussi l'estuaire de la Gironde, de la Seine et de la Loire, les étangs de Berre et de Thau, ainsi que les baies de la Somme et de la Vilaine.

Notre système agricole a donc pollué les eaux de surface et souterraines. Il a également stérilisé nos sols. Les grandes plaines du nord du Bassin parisien (Picardie et pays de Caux) sont les premières régions touchées par l'érosion des sols. Mais la Bresse, le sillon rhodanien, le Languedoc et la Chalosse subissent à leur tour ce phénomène.

Cinq millions d'hectares, soit 17 % de nos terres arables, sont concernés. Et le problème ne cesse de s'aggraver. En cause : les trop faibles enfouissements de fumier ou de compost qui réduisent le taux d'humus[1] et la nudité des terrains sur lesquels on ne maintient plus une couverture végétale suffisante. Mais aussi l'abattage, pour augmenter la taille des parcelles et faciliter la mécanisation des récoltes, des haies dont les agriculteurs négligent le rôle protecteur contre les dégâts du vent ou du ruissellement des eaux (voir graphique 4).

Pollution des eaux, érosion des sols, paysages défigurés, odeurs nauséabondes dans les sites touristiques, perte de la biodiversité : les sujets de querelles ne manquent pas entre les principales organisations professionnelles agricoles et les associations protectrices de l'environnement. Comment pourrons-nous concilier les objectifs des unes et des autres ? Cet équilibre n'est pas facile à trouver mais un consensus est possible : satisfaire les revendications légitimes de citoyens soucieux de se mouvoir dans un cadre de vie agréable et de se nourrir de

1. L'humus des sols joue un rôle considérable pour le maintien de leur fertilité à moyen et long terme : il contribue à retenir l'eau infiltrée dans la couche arable ; il fixe provisoirement des éléments minéraux destinés à alimenter ultérieurement les plantes cultivées et confère aux terrains une plus grande résistance aux agents d'érosion.

produits sains correspond chaque jour un peu plus aux intérêts des agriculteurs eux-mêmes. Voyant leurs capacités productives mises à mal par la déperdition de l'humus dans les couches arables des sols, l'érosion accélérée de terrains trop intensément travaillés, la dégradation de prairies envahies par de nouvelles mauvaises herbes, la salinisation de terrains mal irrigués, ou la prolifération d'insectes ravageurs résistants aux pesticides, de plus en plus d'exploitants agricoles reprennent à leur compte les préoccupations des écologistes.

Le SOS des abeilles

Pour savoir comment va notre agriculture, il suffit de regarder les abeilles. De trente-deux mille à trente-cinq mille tonnes au milieu des années 1990, la production française de miel ne dépasse plus guère aujourd'hui les vingt-cinq mille tonnes. Cette chute est la manifestation la plus évidente du déclin du nombre des essaims dans nos campagnes. Les raisons de cette mortalité accrue des abeilles domestiques : l'utilisation exagérée de certains insecticides, les dégâts occasionnés par un acarien suceur de sang d'origine indonésienne *(Varroa destructor)*, et les attaques provoquées par un frelon asiatique *(Vespa velutina)* ou un champignon tueur *(Nosema ceranae)*. Mais il ne faut pas voir dans ces attaques des causes exogènes : si elles ont pour proie des butineuses, c'est parce que celles-ci sont déjà affaiblies par la disparition de leurs habitats de prédilection et par la raréfaction des ressources alimentaires. De plus en plus, les apiculteurs sont obligés de déplacer périodiquement leurs ruches dans des régions parfois très éloignées les unes des autres.

Il y a de moins en moins d'essaims d'abeilles mellifères, mais aussi de guêpes sauvages, toutes utiles à la pollinisation, vitale pour la production de nos vergers et celle de nos cultures florales et maraîchères. Cette pollinisation est aujourd'hui menacée. Et avec elle une part de notre production agricole. Les problèmes de l'apiculture vont donc bien au-delà du déficit de production de miel. Ils sont les révélateurs d'une crise écologique globale où se mêlent la simplification inconsidérée des écosystèmes aménagés par les agriculteurs, la prolifération d'espèces envahissantes et la perte globale de la biodiversité.

2

Nos agriculteurs sont-ils devenus fous ?

La politique agricole commune ou le cercle vicieux

Les exploitants agricoles, pour attenter comme ils l'ont fait à l'équilibre écologique, sont-ils devenus irresponsables ? Ou bien n'avaient-ils pas d'autre choix que de produire au moindre coût ? Sans doute y a-t-il eu un peu des deux. Placés au sein d'un même marché agricole européen en position de concurrents, nos agriculteurs ont bel et bien été contraints de mettre en œuvre les systèmes de culture et d'élevage qui leur paraissaient les plus rentables. Mais dans le même temps, de nombreux leaders syndicaux et organisations professionnelles agricoles ont, d'eux-mêmes, préconisé une « modernisation » de l'agriculture fondée sur un recours de plus en plus poussé aux produits chimiques et à une motorisation puissante.

Lors de la signature du traité de Rome en 1958, la production de la Communauté économique européenne (CEE) était encore très largement déficitaire sur de nombreux plans : céréales, sucre, lait, viande, etc. Elle se trouvait donc sous la dépendance d'importations en provenance de pays du Nouveau Monde, comme les États-Unis d'Amérique, l'Argentine, l'Australie, la Nouvelle-Zélande... C'est pourquoi les gouvernements des six premiers pays constitutifs de l'Europe communautaire[1] envisagèrent très vite de mettre en place une politique agricole commune, dont les objectifs explicites étaient :

- accroître la productivité du travail dans l'agriculture,
- garantir la sécurité des approvisionnements agroalimentaires,
- assurer à la population agricole un niveau de vie équitable,
- stabiliser les marchés,
- assurer des prix raisonnables aux consommateurs.

Trois grands principes furent posés pour atteindre ces objectifs :

1. Allemagne, Belgique, France, Italie, Luxembourg et Pays-Bas.

– l'unicité du marché européen : les produits agricoles devaient pouvoir circuler sans entrave entre les six pays ;
– la « préférence communautaire » : les Européens devaient s'approvisionner de préférence au sein du marché commun avant d'envisager d'importer des produits agricoles en provenance de pays tiers ;
– la solidarité financière : les coûts inhérents à la mise en place d'organisations communes de marchés devaient être assurés solidairement par le biais d'un Fonds européen d'orientation et de garantie agricole (FEOGA), alimenté par les contribuables des six pays.

Cette politique reposait donc sur des principes d'intervention publique qui dérogeaient totalement aux normes de la doctrine libérale. De nombreux produits agricoles pouvaient ainsi circuler sans entrave au sein du marché européen tout en bénéficiant d'une protection commune à l'égard des importations en provenance du reste du monde.

Tous les ans, les six gouvernements fixaient des prix communs pour les produits les plus stratégiques : les céréales, le sucre, les produits laitiers, la viande bovine et les matières grasses végétales. Ces mécanismes de prix garantis se révélèrent très efficaces, et l'on assista vite à une augmentation des productions pour lesquelles il existait des organisations communes de marchés. Dès la fin des années 1970, l'Europe, pourtant déjà élargie à trois nouveaux membres, devenait ainsi excédentaire sur ces produits.

Bien sûr, ses concurrents sur le marché mondial dénoncèrent le protectionnisme européen. Après avoir longtemps résisté, l'Europe dut, dans les années 1990, se résoudre à y mettre fin. Mécaniquement, les prix payés aux producteurs chutèrent. La baisse des prix fut compensée par des subventions directes proportionnelles aux surfaces cultivées ou aux effectifs des troupeaux.

L'Europe aurait pu éviter de se retrouver ainsi accusée sur la scène internationale en établissant rapidement des quotas de production au-delà desquels les agriculteurs n'auraient plus bénéficié de prix garantis. C'est ce qu'elle a fait assez tôt pour le sucre, mais bien plus tard pour le lait de vache et jamais pour les céréales, en raison notamment du lobbying de la Fédération nationale des syndicats d'exploitations agricoles (FNSEA). Sans se préoccuper des débouchés, la FNSEA incitait à produire à toujours plus grande échelle les denrées pour lesquelles les investissements avaient été réalisés. Cela créa des surplus agricoles difficilement exportables, et finit par grever le budget de l'Union européenne et notre environnement.

Dans le même temps, alors que la France et l'Union européenne surproduisaient des céréales, du sucre, du lait et de la viande, nous sommes devenus rapidement déficitaires en protéagineux destinés à l'alimentation animale (graines et tourteaux de soja) ou humaine (lentilles, haricots, fèves, pois chiches, etc.). Les producteurs ne cultivaient que les produits bénéficiant d'un prix garanti ou de subventions favorables et se désintéressaient des plantes de l'ordre des légumineuses[1] (trèfle, luzerne, sainfoin, lotier, pois fourragers, lupins, féveroles) qu'ils avaient pourtant l'habitude de cultiver. Or, ces plantes ont pour vertu de laisser, après récolte, des résidus azotés dans les sols et donc de les fertiliser naturellement. Faute d'inclure assez de trèfle, luzerne et autres légumineuses dans leurs rotations, les paysans français ont utilisé de plus en plus d'engrais de synthèse dont la fabrication est coûteuse en énergies fossiles (nécessitant l'importation de gaz naturel russe ou norvégien) et dont l'épandage est à l'origine d'une importante

1. Les légumineuses ont la particularité d'héberger dans leurs racines des bactéries du genre *Rhizobium*. Ces bactéries ont la faculté de fixer l'azote atmosphérique en puisant l'énergie qui leur est nécessaire dans les sucres que la plante leur fournit. En échange, celle-ci phagocyte ces bactéries et se procure ainsi les composés azotés nécessaires à la fabrication ultérieure des protéines. Il s'établit donc une synergie favorable aux deux parties.

émission de protoxyde d'azote[1], un très puissant gaz à effet de serre.

Est-ce d'abord leur faute ? Celle de la PAC ? Ou celle de tout un système économique ? C'est en tout cas une logique du pire qui s'est retrouvée à l'œuvre.

Le diktat des hypermarchés et groupes agro-industriels ou la fin des paysans

L'époque où les exploitants agricoles transformaient leurs produits agricoles au sein même de leurs unités de production est révolue. La production « à la ferme » de beurre, fromages, huiles et vins et la vente directe de « produits fermiers » sur des marchés locaux ne sont plus aujourd'hui le fait que d'une petite minorité d'agriculteurs. Il est devenu commun, au contraire, de livrer de simples « matières premières » à des usines au sein desquelles les processus de transformation sont de plus en plus robotisés. Concentrés aux mains de grandes sociétés nationales ou multinationales (Doux, Findus, Bonduelle, McCain, Lesieur, Lactalis, Danone, Nestlé, Auchan, Carrefour, etc.), les

1. Le protoxyde d'azote ou azote nitreux (N_2O) a un pouvoir réchauffant deux cent quatre-vingt-dix-huit fois supérieur au gaz carbonique (CO_2).

groupes agro-industriels et les hypermarchés, en position de quasi-monopole, sont parvenus à imposer leurs cahiers des charges en termes de volume, de qualité, de délais de livraison et leurs prix aux agriculteurs.

Hier travailleurs indépendants, et fiers de l'être, les agriculteurs sont de plus en plus souvent un maillon parmi d'autres dans les filières de production agroalimentaire. La situation devient même caricaturale lorsque des éleveurs de porcs et de poulets de chair s'engagent à produire avec les seuls animaux, aliments et produits vétérinaires, fournis par les abattoirs en suivant scrupuleusement leurs indications techniques. Les grandes entreprises du secteur (Sanders, Doux, Terrena, etc.) approvisionnent les éleveurs en porcelets et poussins, apportent les aliments qui leur sont destinés et reprennent possession des animaux engraissés à une date fixée à l'avance. Bien que formellement propriétaires de leurs bâtiments d'élevage et de certains matériels, les éleveurs doivent obéir aux injonctions formulées par les conseillers et superviseurs techniques de la compagnie agroalimentaire et se retrouvent doublement perdants : ils n'ont plus la maîtrise des processus techniques, et doivent néanmoins assumer les risques de maladies ou d'attaques parasitaires. Finalement, ils ressemblent de plus en plus à des ouvriers travaillant à domicile et « payés aux pièces », autrement dit en fonction du nombre et du poids des animaux ramassés par l'entreprise. Tels des moutons de Panurge, ils obéissent en courant à l'abîme. Et entraînent avec eux des régions entières, dévoyées de leurs vocations premières.

Aujourd'hui, c'est en Bretagne qu'on élève le plus de porcs. Parce que la terre et le climat bretons s'y prêtent ? Non, car dans cette région qu'on disait de « vocation herbagère », les grains qui servent à leur alimentation viennent d'ailleurs. En fait, la plupart de ces élevages porcins sont des élevages dits « hors sol » et s'ils sont implantés là plutôt qu'ailleurs, c'est en grande partie grâce ou à cause du port de Lorient, spécialement aménagé et équipé pour l'importation de soja en provenance du Nouveau Monde. Les paysans bretons ont délaissé la production de légumineuses et nous devons donc faire venir les protéagineux des États-Unis, du Brésil ou d'Argentine.

Le porc breton n'est qu'un exemple, pas plus choquant que d'autres, d'un phénomène qui se constate à l'échelle nationale. Afin de réduire les coûts de la collecte des matières premières d'origine agricole, les industries agroalimentaires ont encouragé la constitution de véritables bassins de production spécialisés à proximité immédiate des unités de transformation : bassins laitiers de Bretagne et de Normandie ; régions viticoles du bas Rhône-Languedoc ; zones de concentration aviaire et porcine du Finistère et des Côtes-d'Armor ; pôles de cultures légumières en plein champ aux alentours des usines de surgélation de Bonduelle en Picardie et en Aquitaine.

La dite « rationalisation » de la production, d'abord géographique, se poursuit à chaque étape. Pour éviter les pertes lors de l'épluchage mécanique des pommes de terre, les industries productrices de chips et de purées du pays de Caux (Seine-Maritime) exigent que les agriculteurs leur livrent des pommes de terre aussi parfaitement rondes que des balles de tennis. Pour cela, les tubercules ne doivent souffrir d'aucun stress hydrique[1], même de très courte durée ; les agriculteurs normands, qui bénéficient pourtant d'un climat humide, ont ainsi été contraints de s'équiper lourdement... pour irriguer épisodiquement leurs terrains. C'est ainsi que pour produire à grande échelle et amortir au plus vite les investissements dans la robotisation des processus industriels, les grands groupes agroalimentaires fixent des normes de qualité de plus en plus strictes pour presque tous les produits achetés aux agriculteurs ou à leurs coopératives. Et ils ne sont pas les

1. On parle de stress hydrique lorsque la quantité d'eau transpirée par une plante est supérieure à celle qu'elle absorbe.

seuls : la grande distribution aussi impose ses contraintes !

Les marchandises doivent être le moins souvent possible endommagées lors du transport et de la manutention ; elles doivent pouvoir se conserver longtemps à l'étalage et ne présenter aucune tache laissant penser à la présence de vers ou à un début de pourrissement. Face à de telles exigences, les agriculteurs sont obligés de ne cultiver que quelques variétés de fruits et de légumes et à employer des doses croissantes de fongicides et d'insecticides. C'est le mal de l'époque : les concours de beauté des étals de supermarché conduisent à écarter des produits sains ayant du goût au profit de fruits et de légumes présentant mieux mais gavés de produits chimiques et d'une moindre qualité gustative.

Les agriculteurs, à qui il est souvent reproché de ne fournir sur les marchés que des produits insipides, rétorquent qu'ils ne visent qu'à répondre aux désirs du client roi. Reste à savoir si le client roi est bien conscient de la piètre qualité des aliments qu'il achète sur ces étals… En tout cas, une chose est sûre : entre les producteurs et les consommateurs, les intermédiaires (industries agroalimentaires et hypermarchés) sont en position de force et parviennent à faire prévaloir leurs intérêts. Le pouvoir de négociation des paysans s'est considérablement affaibli. Celui des consommateurs est proportionné à sa (mé)connaissance de ces questions souvent opaques. Les choses changent un peu avec le travail de pédagogie des associations de consommateurs ou des médias sur les dangers de la malbouffe. Côté paysan, la constitution de coopératives agricoles et d'associations de producteurs n'a pu, en revanche, rééquilibrer la balance. À quelques exceptions près, de façon à rester compétitives sur les marchés, les coopératives ont en effet imposé à leurs adhérents des normes aussi sévères et standardisées que celles dictées par les grandes entreprises agroalimentaires…

L'« amélioration génétique » ou la perte de la biodiversité

Avant la Seconde Guerre mondiale, la France cultivait six cents variétés de blé tendre ; aujourd'hui, nous n'en cultivons que quelques dizaines, et une vingtaine d'entre elles occupent plus de la moitié des superficies consacrées à cette céréale. Hier, on élevait des dizaines de races bovines en France ; aujourd'hui, 80 % du cheptel bovin laitier français est issu de seulement trois races : la prim'Holstein, la normande et la montbéliarde ; et la consanguinité ne cesse de s'accroître au sein des troupeaux. La situation est encore bien plus grave en ce qui concerne les lignées de poulets de chair depuis l'entrée en force dans les accouvoirs des souches américaines de type Cornish en 1955. Hier, nous cultivions deux cents variétés de pommes de terre ; aujourd'hui, nous n'en cultivons plus que cinq. Quant aux variétés de concombres actuellement disponibles sur le marché, elles descendent toutes d'une même variété anglaise sélectionnée pour son absence d'amertume.

Telle a été ce qu'on appelle l'« amélioration génétique » : la sélection dans des stations expérimentales de quelques variétés passe-partout qui vont être inscrites au catalogue officiel du Groupement national interprofessionnel des semences et plants (GNIS) et mises sur le marché. L'affaire n'a jamais fait de bruit. Mais l'un des premiers scandales de l'agriculture « moderne » est là : avoir confisqué la sélection des semences aux paysans, et par là même avoir réduit le nombre de variétés mises en culture. Cinq compagnies semencières contrôlent ainsi à elles seules plus de 75 % des semences potagères au niveau mondial.

Jusqu'à la fin du XIXe siècle, les exploitants agricoles sélectionnaient eux-mêmes leurs semences à partir de leurs propres récoltes. Cette forme ancienne de sélection, qualifiée de « massale », consistait à choisir, peu avant la récolte, les semences sur ce que les producteurs considéraient être les plus beaux plants et les plus beaux épis. Il va de soi qu'ils sélectionnaient ainsi les variétés de plantes qui présentaient les caractéristiques les plus favorables à leurs intérêts, le premier étant que ces plantes puissent croître et se développer correctement dans les champs où il était prévu de les cultiver. Cette sélection empirique des semences est aujourd'hui révolue, et c'est un tort car c'est comme cela que les paysans avaient mis au point les variétés adaptées à chaque écosystème. Prenons l'exemple de générations d'agriculteurs sélectionnant tous les ans leurs propres variétés de maïs ou de blé dans un environnement où prédominent des insectes piqueurs-suceurs : après des siècles de sélection paysanne, il est hautement probable que les variétés soient velues car les plantes munies de longs poils empêchent les insectes de les piquer et de sucer leur sève. Sans modifier l'environnement – autrement dit sans éradiquer les insectes – on pouvait donc faire pousser du maïs et du blé. Aujourd'hui, pour faire du maïs ou du blé dans un environnement où prédominent des insectes, on ne cherche pas à adapter la variété à l'environnement, mais à adapter l'environnement à la variété sélectionnée par les généticiens, en éradiquant les nuisibles. Des constats similaires peuvent être faits dans la plupart des environnements où prédominent des espèces prédatrices ou concurrentes des plantes cultivées (chenilles, champignons pathogènes, mauvaises herbes, etc.).

Pour beaucoup d'agronomes et de généticiens, améliorer un rendement à l'hectare est synonyme de le maximiser, sans prise en compte des autres facteurs (travail humain supplémentaire et dégâts environnementaux). Ainsi, on a privilégié un nombre limité de variétés dont la vocation est de pouvoir être mises en culture sur les plus vastes surfaces possibles, indépendamment des conditions particulières dans lesquelles elles ont été sélectionnées. C'est pour cela qu'on a proposé aux agriculteurs des variétés dont la croissance et le développement sont insensibles aux variations saisonnières de la durée des jours et des nuits, pour qu'elles puissent être cultivées en toutes saisons et sous toutes les latitudes.

C'était la condition pour que la coûteuse amélioration variétale puisse s'adresser d'emblée au plus grand nombre. La tendance était déjà à l'œuvre au sein des organismes de recherche publique. Depuis que la sélection génétique passe progressivement aux mains de grandes compagnies semencières privées (Monsanto, Syngenta, Pioneer, Limagrain, etc.), elle ne fait que s'accentuer. Rien d'étonnant à cela : pour maximiser leurs profits, elles doivent vendre leurs graines au plus grand nombre possible de producteurs solvables, et sont donc incitées à sélectionner les graines les plus rentables dans les conditions « idéales » ou plus exactement artificielles des champs d'expérimentation. Que ces semences soient sensibles aux herbes adventices (dites « mauvaises herbes ») ou aux dommages occasionnés par les insectes ravageurs ou les agents pathogènes déjà présents dans leurs régions d'accueil importe peu : en recourant à de grandes quantités d'engrais chimiques et de produits phytosanitaires[1], on peut recréer, peu ou prou, les conditions des fameux champs d'expérimentation. Finalement, ces semences conçues à l'origine pour être passe-partout n'ont pu se diffuser que moyennant de gros investissements en matière d'irrigation, de drainage, de travail du sol, de lutte contre les ravageurs et de fertilisation. Alors, et seulement alors, les semences sélectionnées ont pu réaliser leurs hauts potentiels génétiques et les rendements ont augmenté. Mais cette augmentation a un prix : la fragilisation des agroécosystèmes, la pollution de l'environnement et, dans les régions de grandes cultures, de graves effets sur la santé des agriculteurs (trop) exposés aux produits chimiques.

Pourquoi alors ne pas revenir à la sélection des semences par les agriculteurs eux-mêmes ? Parce que notre législation l'interdit. Si la loi française permet encore aux agriculteurs d'utiliser des semences issues de leurs propres productions, elle

1. Herbicides, insecticides, fongicides, nématicides, acaricides, etc.

ne les autorise plus à les échanger avec leurs voisins ni à acheter d'autres variétés que celles accréditées par les pouvoirs publics. Ils n'ont donc pas d'autre choix que de faire leur marché dans les quelques variétés inscrites au catalogue national, issues de la sélection génétique professionnelle.

La perte de la biodiversité n'est pas qu'une affaire de consommateurs « bobos » se désolant de ne pas trouver assez de variétés de pommes ou de types de viande bovine en faisant leurs marché. Il y va de la survie de nos agricultures. Le fait qu'un système d'élevage ou de culture soit rentable aujourd'hui ne veut pas dire qu'il le restera demain. Une nouvelle maladie, la hausse soudaine du prix d'un aliment ou tout simplement les conséquences du réchauffement climatique peuvent obliger les agriculteurs à abandonner ces variétés. Le fait que le choix se soit considérablement restreint réduit d'autant leur capacité à modifier leurs systèmes d'élevage ou de culture et donc à s'adapter aux modifications de leur environnement.

La spécialisation des exploitations agricoles ou la logique du pire

Ne travaillant plus désormais que sur un matériel génétique restreint, forcés le plus souvent de respecter les cahiers des charges dictés par la grande distribution et les entreprises agro-industrielles, les agriculteurs français sont encouragés à spécialiser toujours plus leurs systèmes de production et à utiliser des techniques standard. S'ils ont investi pour élever des porcs, ils ne vont plus faire que du porc. S'ils ont investi dans les céréales, ils ne vont plus faire que des céréales. Rien d'étonnant à cela : ces moyens de production (tracteurs de forte puissance, moissonneuses-batteuses automotrices, pulvérisateurs à rampes de traitement télescopiques, ensileuses, carrousels d'irrigation par aspersion, hélicoptères pour les pulvérisations aériennes, serres climatisées, bâtiments d'élevage de grande dimension, séchoirs sur caillebotis et griffes de manutention du fourrage en vrac, silos à grains, robots de traite, etc.) sont très onéreux. Les agriculteurs ont dû s'endetter lourdement et, pour rembourser au plus vite leurs emprunts, ils n'ont d'autre choix que de destiner leurs systèmes de culture et d'élevage aux seules productions pour lesquelles ces financements ont été consentis. Un producteur céréalier venant d'acquérir un tracteur de forte puissance, un semoir de grande largeur et une moissonneuse-batteuse automotrice n'a de fait aucun intérêt à investir simultanément dans la construction de bâtiments d'élevage ou l'achat de troupeaux à haut potentiel génétique. Fini donc la polyculture. Au niveau des exploitations, l'élevage qui fournissait le fumier animal nécessaire à la fertilisation des cultures est remplacé par des engrais chimiques qui compromettent la fertilité des sols à long terme et la qualité des eaux. À l'échelle du territoire, la plupart des exploitations céréalières de la Brie, de la Beauce, de la Picardie, de la Camargue et du Sud-Ouest ne disposent plus aujourd'hui de grands troupeaux. De leur côté, la plupart des éleveurs bretons ont renoncé à cultiver des céréales à paille pour se consacrer exclusivement à la culture de plantes fourragères et à des élevages intensifs en espace confiné : vaches laitières, poules pondeuses, poulets de chair, porcs à l'engrais, etc.

Évidemment, ce divorce entre l'agriculture et l'élevage a des conséquences environnementales. Les animaux élevés en Bretagne, fortement consommateurs de graines ou de tourteaux de soja importés des États-Unis, du Brésil ou d'Argentine, rejettent des quantités d'effluents (purins, fientes et lisiers) qui ne servent plus aujourd'hui à produire de fumier puisque, pour des raisons de coût d'acheminement, les troupeaux ne reposent plus sur de la paille, qu'il faudrait importer des régions céréalières. Au lieu de produire du bon fumier qui aurait pu maintenir la fertilité des sols, ces effluents d'élevage chargés de nitrates partent donc polluer directement les rivières et les nappes phréatiques. L'absence de paille bretonne conduit ainsi à une double sanction environnementale : difficulté à maintenir le taux d'humus des sols et pollution des eaux. À quoi s'ajoute une sanction économique pour les agriculteurs : inquiet de la qualité de ces nappes phréatiques dont les taux de nitrates dépassent déjà les normes prescrites par les directives européennes, le gouvernement impose désormais la mise en place d'infrastructures destinées à épurer les eaux chargées d'effluents ; or ces mises aux normes sont tellement coûteuses que de nombreux éleveurs, faute de moyens, ont dû abandonner leur activité.

En toute logique, la situation n'est pas meilleure du côté des régions céréalières. Les exploitants ayant délaissé l'élevage ne disposent plus de déjections animales pour fabriquer du fumier et ont donc le plus grand mal à obtenir qu'après enfouissement les pailles en excédent se décomposent en humus et, du coup, maintiennent la fertilité des sols. Contraints d'avoir recours à des quantités toujours croissantes d'engrais chimiques de synthèse, ils contribuent eux aussi à la pollution des eaux de surface et des nappes souterraines.

Cette spécialisation des exploitations agricoles obéit bien à une logique imparable. Mais c'est une logique du pire.

La monoculture et les remembrements ou les aggravations de la logique du pire

Toujours dans la perspective de rentabiliser au plus vite les équipements acquis pour les besoins de telle ou telle culture, on voit dorénavant de nombreux agriculteurs ne plus hésiter à affecter certaines de leurs parcelles à cette seule culture plusieurs années de suite. À court terme, cela peut faire gagner du temps et de l'argent, mais c'est un mauvais calcul à moyen terme car cette monoculture à grande échelle offre un terrain favorable à la multiplication des insectes, mauvaises herbes et champignons pathogènes.

Certes, les pesticides permettent dans un premier temps de se débarrasser de ces organismes concurrents ou ravageurs, mais ce n'est que reculer pour mieux sauter : les produits phytosanitaires éliminent du même coup les nombreuses espèces utiles aux plantes cultivées (abeilles et guêpes pollinisatrices, coccinelles prédatrices des pucerons, carabes chasseurs de chenilles, etc.), et on ne tarde pas à voir pulluler quelques espèces nuisibles résistantes aux pesticides employés. C'est le début d'une fuite en avant : on cherche à mettre en œuvre de nouvelles molécules pesticides, quitte à voir se multiplier des espèces nuisibles résistantes à deux ou trois molécules, voire plus…

Renoncer aux rotations culturales empêche donc de protéger durablement les cultures. Cela oblige à pulvériser toujours plus de produits phytosanitaires, avec leur cortège de pollutions chimiques et de menaces pour la santé humaine, et rend les exploitants plus tributaires des accidents climatiques ou phytosanitaires. Que surgisse une maladie frappant de plein fouet la monoculture ou que le prix du seul produit récolté s'effondre, et c'est toute l'économie de l'exploitation qui peut se retrouver en péril.

Les agriculteurs seraient-ils inconscients des risques qu'ils prennent ? Non, mais là encore, des logiques économiques perverses sont à l'œuvre. Pour rentabiliser au plus vite les matériels agricoles, il faut pouvoir les employer à grande échelle. D'où la tendance à supprimer tout obstacle venant ralentir leur utilisation, avec pour conséquence les remembrements parcellaires, assortis de la séquence abattage de haies-aplanissement des talus-comblement des fossés. Ce faisant, on oublie l'utilité de ces « infrastructures écologiques » : brise-vent, production de matières organiques, réduction du volume et de la vitesse des eaux de ruissellement, stockage de l'eau dans les plantes et les sols, protection contre de soudaines et brutales inondations, amoindrissement de l'érosion des couches arables, hébergement d'insectes auxiliaires des cultures, etc.

La course à la productivité ou la victoire à la Pyrrhus

Au sein du marché commun agricole européen, la France, moyennant une mécanisation et une intensification croissantes de ses systèmes de culture et d'élevage, a sensiblement augmenté ses productions agricoles et alimentaires depuis la Seconde Guerre mondiale, devenant rapidement excédentaire pour un grand nombre d'entre elles : céréales, sucre, lait et produits laitiers, viandes, vins et spiritueux, etc. Le solde de sa balance commerciale agricole est ainsi devenu fortement positif, passant de 8 à 10 milliards d'euros par an. Ne serait-ce pas la preuve que la course à la productivité a été un succès ? D'un point de vue comptable, oui. Mais voyons ce que coûte cette victoire.

Première ombre au tableau : les importations massives de soja destiné à l'alimentation animale ont explosé. Nous ne produisons plus qu'un quart de nos besoins en protéines végétales, ce qui rend l'élevage vulnérable à d'éventuels embargos, à l'image de celui que nous ont brutalement imposé les États-Unis en 1975. À quoi s'ajoute le fait que le soja produit à l'étranger est presque toujours génétiquement modifié, alors même que beaucoup d'éleveurs souhaiteraient fournir une alimentation non transgénique à leurs animaux.

Plus fondamentalement, les gains de productivité ont été surtout obtenus grâce à des machines de plus en plus puissantes, dont le premier effet a été d'accroître la superficie cultivable et le nombre d'animaux élevés par actif agricole. Donc, oui, il est exact de dire que la productivité a crû très sensiblement, mais on parle là de productivité par travailleur, et non de rendement à l'hectare. On produit aujourd'hui moins cher parce qu'on produit avec moins de bras. C'est la loi du progrès, nous dit-on. Mais c'est un progrès dont le coût n'est pas toujours bien évalué[1].

---

1. Et cela a eu aussi pour effet de vider les campagnes dans les régions qui avaient le « tort » d'être moins favorables que les autres à la moto-mécanisation de l'agriculture et n'ont pu, de ce fait, résister à la concurrence des régions de plaines. Ainsi le Limousin, la Corse ou la Haute-Savoie ont subi une forte désertification des campagnes, avec des séquelles parfois terribles sur les autres secteurs d'activité :

Nous avons vu que pour rester dans la course incessante aux gains de productivité, les agriculteurs français ont été incités à simplifier et à fragiliser exagérément leurs agroécosystèmes, au risque de causer à notre environnement les graves dommages évoqués précédemment : pesticides résiduels dans notre nourriture, pollutions chimiques des eaux, de l'air et des sols, diminution de la qualité gustative des aliments, abaissement du niveau des nappes phréatiques, invasions intempestives d'espèces concurrentes ou prédatrices, épidémies provoquées par de nouveaux agents pathogènes, réduction de la biodiversité, dépendance accrue à l'égard des énergies fossiles, émission croissante de gaz à effet de serre (gaz carbonique, méthane et protoxyde d'azote), érosion ou salinisation accélérée des sols, glissements de terrain, et la liste n'est pas exhaustive. Ces coûts environnementaux figurent rarement dans l'évaluation du prix de revient du producteur, mais ils n'en restent pas moins supportés globalement par notre société, au double titre d'une moindre qualité de vie et d'une hausse de la fiscalité et des charges sociales visant à réparer ou au moins à tempérer ces dégâts.

---

commerce, industries agroalimentaires, tourisme, services publics, etc.

Dans ces conditions, ne vaudrait-il pas mieux réorienter la production dans le sens d'une meilleure alimentation et d'un plus grand respect de l'environnement ? Est-ce un doux rêve de proposer cela ?

Quelques signes avant-coureurs laissent penser que les puissants intérêts économiques à l'œuvre dans ce productivisme agricole effréné pourraient vite être rattrapés et affectés à leur tour par la réalité. On remarque en effet que les rendements céréaliers ne progressent plus vraiment depuis le début des années 1990, à l'exception du maïs, qui réclame néanmoins davantage d'irrigation. Cette relative stagnation des productions céréalières à l'hectare peut avoir plusieurs causes : le réchauffement climatique global, les trop faibles apports de matières organiques (fumier, compost, etc.) pour conserver aux sols leur fertilité, les dommages occasionnés par les agents pathogènes et les prédateurs contre lesquels les produits phytosanitaires ont perdu de leur efficacité, des épandages d'engrais azotés de synthèse à l'hectare ramenés à de moindres proportions du fait de leur récent renchérissement, etc. Laquelle de ces causes domine ? Difficile de savoir. Mais les faits sont là : le productivisme aveugle est, de lui-même, en train de marquer le pas (voir graphique 5).

Est-ce le moment de refonder l'agriculture ? Oui, car l'augmentation prévisible du prix des engrais chimiques et des produits phytosanitaires, souvent fabriqués à l'aide d'énergies fossiles, conduira les agriculteurs à réformer de fond en comble leurs façons de faire. L'heure où le paysan français aura intérêt à privilégier la qualité à la quantité et à se rapprocher du cahier des charges actuel de l'agriculture biologique n'est peut-être pas encore venue, mais l'histoire est en marche. Autant donc accompagner, voire accélérer la réorientation de notre production agricole au profit du plus grand nombre. Continuer de s'abriter derrière la malnutrition dans les pays du Sud pour vouloir produire toujours plus de produits standard dans nos contrées est une erreur historique et scientifique, chaque jour plus impardonnable.

3

Quand la tradition n'est pas synonyme d'archaïsme

Dans les années 1970, pour faire face à la crise pétrolière, le gouvernement avait lancé une campagne publicitaire devenue célèbre : « En France, on n'a pas de pétrole mais on a des idées. » Depuis les années 1970, pour faire face aux crises agricoles, les gouvernements des pays du Sud auraient pu lancer ce slogan : « On n'a pas de technologie mais on a du savoir-faire. » Évidemment, cette publicité n'existe pas. Et pour cause. Le Sud, un peu par complexe, beaucoup par le jeu pervers des marchés, ne valorise pas ses atouts en matière agricole : l'extraordinaire savoir-faire de ses paysans.

L'expérience du terrain : le premier des atouts

Le touriste européen ou américain qui se promène dans la campagne sahélienne, indienne ou malgache, et aperçoit des paysans en train de défricher leurs parcelles à la hache et au sabre d'abattis, de labourer à la bêche ou à la houe, de désherber à la binette, de repiquer du riz ou d'arracher des tubercules à la main, de récolter les épis à la faucille, ne peut s'empêcher d'être frappé de voir à quel point ces agricultures semblent archaïques par rapport aux nôtres. De fait, seulement vingt-huit millions de tracteurs sont en activité dans le monde (essentiellement dans les pays du Nord et dans quelques propriétés latifundiaires du Maghreb, d'Amérique latine et d'Afrique australe), tandis qu'un milliard d'agriculteurs se servent encore d'outils exclusivement manuels. Est-ce la preuve de leur archaïsme ? À première vue, oui, mais à y regarder de plus près, on s'aperçoit que ces systèmes de culture et d'élevage sont en général le résultat d'expériences réussies au fil du temps et se révèlent extraordinairement bien adaptés à leur environnement. Il n'est donc pas exagéré de qualifier ces agricultures de « savantes » car les paysans qui ont mis en œuvre ces systèmes, même s'ils sont analphabètes, savent bien (mais empiriquement !) comment aménager au mieux leurs agroécosystèmes avec les maigres moyens de production dont ils disposent.

Elles n'ont rien d'archaïque. Elles sont traditionnelles, au sens où elles utilisent des techniques héritées d'une longue connaissance de terrain. Pour autant, il n'y a là ni immobilisme passéiste ni absence de dynamisme. Ces systèmes agricoles sont en progrès constant, fruit d'un lent processus d'adaptations et de sélections réalisées par les paysans au fur et à mesure des multiples changements intervenus dans leurs environnements agroécologique et socioéconomique. L'expérience du terrain est le premier de leurs atouts.

Seul inconvénient de ces techniques traditionnelles : leur faible productivité, et donc leur faible compétitivité sur le marché mondial. Manuelles, elles sont particulièrement exigeantes en travail. Mais qu'elles aient survécu jusqu'à nos jours prouve néanmoins leur efficacité. Il serait donc vain de vouloir prétendre aider le Sud en faisant abstraction des savoir-faire accumulés depuis la nuit des temps, sans connaître les modes de production locaux et les raisons de leur maintien.

Voici donc les grandes techniques agricoles utilisées par les paysans du Sud.

L'agriculture sur abattis-brûlis

C'est une technique qui peut se révéler judicieuse dans les régions tropicales forestières. Contrairement à ce qu'on affirme souvent, ces formes d'agriculture ne sont pas nécessairement destructives et ne contribuent pas inévitablement au réchauffement climatique global. Mais il faut observer certaines règles.

Pour pratiquer l'abattis-brûlis, les paysans abattent tous les ans un pan de forêt et, après dessèchement, incendient les bois morts. Ainsi, les plantes semées peu après sur le tapis de cendres ont accès au soleil, se développent sans avoir à craindre une concurrence exagérée des mauvaises herbes, et bénéficient en plus des éléments fertilisants libérés par la minéralisation de l'humus des sols. L'idéal est de ne cultiver la même parcelle que durant deux ou trois années de suite, afin de permettre à la forêt dense de reprendre sa place. Le recrû forestier permet alors de séquestrer autant de carbone dans la biomasse en pleine croissance qu'il en a été libéré sous forme gazeuse lors de l'abattis et du brûlis ; et la chute des feuilles contribue à réalimenter les sols en matières organiques et renouveler ainsi leur teneur en humus[1].

1. À quoi s'ajoute le fait que les feuilles mortes restituent tous les ans à la couche arable les éléments minéraux que

D'un point de vue écologique, l'opération est donc neutre.

Mais cela suppose que chaque parcelle ne soit pas cultivée trop longtemps, sinon le recrû forestier est amoindri ; la maîtrise des mauvaises herbes n'est plus assurée et la fertilité des sols diminue. Bref, tant que la densité démographique reste à un bas niveau et permet aux agriculteurs de ne cultiver les terrains que sur deux à trois années, en rotation avec des repousses forestières de quinze à vingt ans, ces systèmes sont performants et respectueux de l'environnement. Mais dans les régions forestières où la densité démographique dépasse le seuil critique des vingt habitants par kilomètre carré cultivable, les paysans se retrouvent condamnés à cultiver plus fréquemment les mêmes terrains et à réduire la durée des recrûs forestiers. Alors, une spirale négative se met en place : la forêt laisse progressivement la place à un couvert herbacé (savanes ou prairies) dont les feux épisodiques ne permettent plus l'élimination et peuvent même contribuer à l'extension, ce qui entraîne une baisse des rendements à l'hectare et de la productivité du travail. Et plus il en est ainsi, plus les paysans sont contraints de recourir fréquemment à de nouveaux brûlis qui empêchent

---

les arbres sont parvenus à puiser en sous-sol grâce à la profondeur de leurs racines.

le recrû des arbres et favorisent la multiplication des mauvaises herbes.

C'est comme cela qu'en périphérie des forêts de Madagascar, d'Afrique centrale, d'Amérique latine et d'Asie du Sud-Est, des familles paysannes ont perdu progressivement leur autosuffisance alimentaire. Bien sûr, des solutions techniques existent : enfouissement des mauvaises herbes à l'aide de labours et valorisation par l'élevage de ruminants. Mais elles nécessitent un minimum de moyens (outils de travail du sol, cheptels, etc.) que, bien souvent, ces familles n'ont pas. Ce qui veut dire à l'inverse qu'il suffirait que ces populations aient accès à ces modestes moyens pour recouvrer leur autonomie.

Le nomadisme pastoral

Lui aussi est souvent décrié. Et très injustement. Car en déplaçant fréquemment le bétail sur des zones très vastes, cette pratique ne vise qu'à exploiter le plus complètement et le plus durablement possible des ressources en eau et en fourrage relativement rares et dispersées.

Encore très pratiqué dans les régions arides et semi-arides, le nomadisme pastoral se rencontre en bordure septentrionale et méridionale du Sahara, dans les steppes du Moyen-Orient, les savanes du Kenya et de la Tanzanie, au nord-ouest de l'Afrique australe, dans la Guajira vénézuélienne et colombienne, ou encore dans les plaines et reliefs d'Asie centrale.

Dans les régions les plus désertiques (Sahara, Arabie...), on observe un nomadisme strict, pratiqué par des éleveurs sans aucun point d'attache qui se déplacent en permanence avec leurs troupeaux, à la recherche de pâturages. Les mouvements des troupeaux sont alors irréguliers même s'ils obéissent à une logique : suivre les rares précipitations et le fugace tapis végétal qu'elles font pousser.

Dans les steppes sensiblement moins arides de l'Afrique sahélo-soudanienne, il existe un nomadisme pendulaire qui correspond en fait à un partage de territoires entre clans, tribus ou groupes ethniques, chaque groupe disposant de ses propres points d'eau et couloirs de passage. En théorie, interdiction est faite d'empiéter sur les pâturages d'autrui ; on ne déplace ses animaux que sur les espaces attribués. Les troupeaux progressent ainsi selon des mouvements pendulaires plus ou moins réguliers : dispersion autour des multiples mares pendant la période la plus humide (afin de pâturer le plus possible d'herbe à leurs abords durant leur très court cycle végétatif) puis regroupement autour des grands points d'eau, des pâturages de décrue et/ou des chaumes de céréales cultivées par des agriculteurs sédentaires à la saison sèche.

Pourquoi le nomadisme est-il donc si souvent décrié ? Parce que chaque groupe social cherchant à accumuler le maximum d'animaux, il peut aboutir à une surexploitation des ressources pâturables et porter atteinte à la biodiversité. Le surpâturage des prairies, steppes et savanes, trop longuement et trop souvent parcourues par les troupeaux d'éleveurs nomades et semi-nomades, est en effet devenu un sujet de préoccupation dans plusieurs régions du monde : Mongolie, hauts plateaux de l'Eurasie, Rajasthan et Gujarat indiens, bordure septentrionale et méridionale du Sahara, terres basses du Kenya et de la corne de l'Afrique, régions occidentales de l'Afrique australe. On y observe un appauvrissement dramatique du couvert herbacé et arbustif, avec une réduction concomitante de la faune sauvage. Et la pratique des feux de brousse, justifiée par le souci de favoriser la repousse de l'herbe en fin de saison sèche, grève encore un peu plus la biodiversité.

Là encore, des solutions techniques existent pour que les éleveurs nomades disposent de fourrages plus abondants sur leurs aires pastorales et évitent donc le surpâturage. Il s'agirait de mettre périodiquement des aires pastorales en défends[1] pour y favoriser la régénération naturelle des espèces fourragères. Mais leur mise en œuvre suppose que les éleveurs aient accès à suffisamment de ressources... foncières. Pour éviter les pièges du surpâturage, il faudrait en effet qu'une partie des familles nomades puissent se sédentariser en ayant accès à des terres cultivables en périphérie de leurs terres de parcours pour y associer davantage agriculture et élevage pastoral comme cela est déjà pratiqué par les éleveurs peuls dans les régions sahélo-soudaniennes (Niger, Mali, Sénégal) où les agriculteurs ont autorisé leur installation à proximité des villages.

Les cultures associées

Dans les régions intertropicales humides, traditionnellement dévolues à l'abattis-brûlis, beaucoup de paysans qui doivent aujourd'hui lutter contre l'invasion des mauvaises herbes développent la technique dite des « cultures associées », autrement dit la cohabitation sur une même parcelle de dif-

1. À savoir : interdire momentanément l'accès des troupeaux à certaines aires pastorales pour que le couvert herbacé puisse se reconstituer au plus vite de manière à fournir de nouveau une ressource alimentaire abondante aux animaux.

férentes espèces (céréales, tubercules, légumes secs, légumes simples, etc.). Le but est de couvrir les terrains le plus largement possible afin de créer le maximum d'ombrage et de contrer le développement de ces herbes concurrentes. Et cela marche ! Certes, ces associations de cultures exigent un très gros travail à l'hectare proche du jardinage, mais elles ont permis l'établissement de populations dont la densité dépasse aujourd'hui les cent cinquante habitants au kilomètre carré, sur les hauteurs de l'Afrique des Grands Lacs, le Fouta-Djalon (Guinée), le plateau bamiléké (Cameroun), les moyennes montagnes de l'Amérique centrale, les mornes d'Haïti, etc.

Sans pesticide ni adjuvant chimique, ces paysanneries ont trouvé les techniques pour rétablir et même augmenter leurs productions à l'hectare, mais au prix d'un travail toujours plus intense. La question la plus épineuse n'en reste pas moins le manque de moyens nécessaires pour garantir sur la durée la fertilité de leurs sols. Car pour cela il faut produire, manier et transporter diverses matières organiques (résidus de culture et déjections animales), ce qui demande des animaux d'élevage, mais aussi des fourches, des râteaux, des charrettes et des bêtes de somme. Cela paraît peu de chose mais reste inaccessible à beaucoup de familles paysannes. Le sort de populations entières se joue parfois… à quelques fourches et quelques cochons près.

La riziculture inondée

La riziculture inondée effectuée sur de petites parcelles soigneusement plantées et entourées de diguettes, au sein desquelles les cultivateurs s'appliquent à maintenir une nappe d'eau de profondeur variable, est une pratique qui a déjà fait ses preuves.

Elle permet de mettre en valeur des bas-fonds et des plaines d'épandage de crue dans lesquels le niveau des eaux peut monter ou descendre brutalement. Les rizières constituent en fait de petits bassins de sédimentation où la reproduction de la fertilité des sols est assurée par les particules fines dont est chargée l'eau venue de l'extérieur : éléments minéraux contenus dans les alluvions, matières organiques charriées par les eaux de ruissellement et azote fixé par des algues microbiennes[1]. Le repiquage des jeunes plants de riz dans les sols préalablement mis en boue limite la concurrence des mauvaises herbes dans les rizières, car la nappe

1. Les cyanobactéries qui vivent spontanément dans l'eau des rizières peuvent fixer l'azote de l'air en leur sein et contribuer ensuite à la fertilisation azotée des terrains.

d'eau boueuse dans laquelle sont transplantées ces plantules fait écran au passage des rayons lumineux et entrave ainsi leur croissance et leur développement. Cette riziculture en casiers inondés permet donc de cultiver tous les ans les mêmes parcelles, sans avoir besoin de laisser périodiquement les terrains en friche. Elle est de plus très souvent associée à des cultures légumières sur les terres exondées et à la pêche ou à l'élevage de poissons dans les plans d'eau.

C'est ainsi qu'il a été possible de nourrir et fixer une population de densité croissante dans les pays de mousson de l'Asie orientale et du Sud-Est : jusqu'à plusieurs centaines d'habitants au kilomètre carré ! Un exploit qui pourrait assez facilement être réalisé dans d'autres régions du monde. En Afrique ou en Amérique latine, de nombreux fonds de vallées et maintes plaines d'épandage de crue où les agriculteurs pratiquent l'abattis-brûlis ou des cultures associées pour l'heure peu productives à l'hectare sont disponibles pour être aménagés en rizières. Pourquoi ne le fait-on pas ? Parce que cela suppose que les sociétés rurales aient les moyens de financer ces aménagements ou s'organisent collectivement pour les réaliser elles-mêmes pendant les périodes de moindres travaux (saison sèche). Là encore, c'est une opportunité tout à fait réalisable, mais pour l'instant largement inexplorée.

4

Quand la modernité n'est pas synonyme de progrès

Le piège de la « révolution verte »

On appelle « révolution verte » le processus qui a conduit de nombreux paysans du Sud à suivre l'exemple des paysans du Nord et à ne cultiver qu'un nombre restreint de céréales, légumineuses, racines et tubercules, préalablement sélectionnés pour leur potentiel génétique de rendement à l'hectare. Les centres internationaux de recherche agronomique à l'origine de cette « révolution » ont concentré leurs efforts sur la sélection et la création (par hybridation) de variétés de céréales capables de résister aux intempéries et de bien intercepter l'énergie solaire. Implantées à densité de semis plus élevée que les variétés traditionnelles, elles devaient théoriquement permettre un accroissement significatif des rendements. Théoriquement...

Dans les faits, la logique des économies d'échelle et la volonté de rentabiliser au plus vite les investissements de recherche ont, comme cela s'était produit au Nord, poussé les agronomes à mettre au point un nombre limité de variétés, censées pouvoir être cultivées en toutes saisons et sous toutes les latitudes. Le travail de recherche a porté en priorité sur trois principales céréales cultivées dans les régions intertropicales : le riz, le blé, le maïs. Les haricots et la pomme de terre ont vaguement retenu l'attention des sélectionneurs, mais toutes les productions locales traditionnelles qui nourrissent l'Afrique, l'Asie et l'Amérique latine depuis la nuit des temps (le manioc, le taro, l'igname, la banane plantain, l'ensète, le sorgho, le mil, le fonio, le teff, l'éleusine, le sarrasin, le pois cajan, le lupin, l'amarante et le quinoa) ont, quant à elles, été délaissées.

Erreur ? Oui, car il s'est passé au Sud exactement ce qui s'était passé au Nord : les nouvelles variétés n'ont pu bien souvent exprimer pleinement leur potentiel génétique qu'au prix d'une irrigation maximale et d'un apport massif d'engrais de synthèse et de produits phytosanitaires. Cultivées hors de leurs lieux de sélection, elles se sont révélées sensibles à la concurrence des mauvaises herbes et aux agressions des insectes ravageurs ou des champignons pathogènes. Résultat : pour beaucoup de petits paysans, faute d'intrants chimiques et de maîtrise de l'irrigation, les rendements… ont chuté. En Amérique centrale, le moindre stress hydrique en période de floraison dans les cultures associées affectait les maïs hybrides. Sur la côte est de Madagascar, les inondations submergeaient le riz à paille courte. Dans l'île de Java, les insectes piqueurs-suceurs fondaient sur les plants de riz et les infectaient.

Finalement, les nouvelles variétés n'ont pu être employées aisément que dans des régions déjà fertiles et bien équipées en infrastructures de drainage et d'irrigation, dans lesquelles des exploitants agricoles relativement aisés n'avaient pas trop à craindre les accidents climatiques : Penjab indien et pakistanais, périmètres irrigués du Nord-Est mexicain, plaines alluviales du Sud-Est asiatique, etc. Pour les autres, la « révolution verte » a été synonyme de désastre financier et humain.

La ruine verte

La révolution verte a coûté cher : semences « améliorées », engrais minéraux, produits pesticides. Peu de foyers agricoles ont pu payer comptant ces innovations. Il a donc fallu emprunter. Pour permettre aux plus pauvres de le faire, les gouvernements du Sud ont mis en place des systèmes de crédit agricole dans le cadre de projets de développement plus ou moins directifs. C'est ainsi que des paysans ont hypothéqué leurs terres, leurs troupeaux et, incapables de rembourser les fonds, ont tout perdu. Les États ont eux-mêmes emprunté sur les marchés internationaux pour réaliser les barrages et canaux d'irrigation. Avec pour effet d'accroître encore une dette extérieure déjà pléthorique.

La révolution verte a donc bien révolutionné les campagnes du Sud… en jetant les familles paysannes tombées en faillite sur les routes d'un exode rural accéléré, en direction de bidonvilles déjà surpeuplés. Et cette pauvreté précipite annuellement des centaines de millions de gens dans les circuits des migrations internationales clandestines.

Évidemment, tous les paysans qui se sont convertis à cette révolution agricole n'ont pas été ruinés. On a même assisté à Java, dans le delta du Yangzijiang et du fleuve Rouge, ainsi que dans la vallée du Sonora au Mexique, à de spectaculaires hausses de rendement avec des productions frisant à ce jour les quinze tonnes de céréales par hectare et par an[1]. Le point commun de ces régions : un système d'irrigation et de drainage des parcelles qui permet de contourner les aléas climatiques et de réaliser plusieurs cycles de culture annuels. À

---

1. Soit un rendement près de dix fois supérieur à celui de la riziculture inondée traditionnelle

quoi il faut ajouter l'utilisation de pesticides et d'engrais de synthèse. Dans ces conditions (qui s'apparentent donc à celles du Nord), la révolution verte a pu produire ses effets. Au moins dans un premier temps car les gains de productivité, malgré le recours aux adjuvants chimiques, finissent toujours par se tasser tandis que grandissent les déséquilibres écologiques : prolifération d'insectes prédateurs résistant aux pesticides, foisonnement des mauvaises herbes dont les cycles de développement s'apparentent à ceux des plantes trop fréquemment cultivées, perte irréversible de certains oligoéléments, salinisation de terrains mal irrigués et insuffisamment drainés, pollution des eaux de surface et souterraines liée à l'utilisation répétée de produits chimiques, exposition accrue des terrains à l'érosion pluviale ou éolienne, perte de la biodiversité culturale et spontanée, etc. Pour ne citer qu'un exemple, on sait aujourd'hui que l'emploi intensif d'engrais chimiques et de produits phytosanitaires est directement responsable de la baisse des volumes de pêche dans les deltas du Mékong (Vietnam) et du Menam Chao Phraya (Thaïlande).

L'augmentation des rendements promise par la révolution verte n'a donc pas seulement coûté aux paysans qui se sont endettés. Elle a également un coût sanitaire et écologique pour la société dans son ensemble. C'est ce que les économistes appellent les « externalités négatives ».

Pour tenter d'enrayer l'emploi abusif de produits chimiques et les dégâts qu'il provoque, des efforts financiers ont été consentis pour incorporer aux variétés à haut potentiel des gènes de résistance ou de tolérance à certains parasites et agents pathogènes. On est allé chercher de nouveaux gènes dans des variétés résiduelles et des espèces sauvages n'ayant pas encore disparu, dont il faut donc plus que jamais assurer la survie. Effort louable mais limité. Les variétés de céréales cultivées aujourd'hui dans les pays du Sud restent trop étroitement apparentées, et les conditions de leur mise en culture engendrent des agroécosystèmes encore trop peu diversifiés. Malgré quelques prises de conscience tardives, la tendance reste ainsi la même : adapter l'environnement à un nombre de variétés très faible, au lieu de laisser au paysan le choix des variétés en fonction de l'environnement. Et comme les mêmes causes produisent les mêmes effets, les désordres sanitaires et écologiques observés au Nord apparaissent aujourd'hui dans les pays du Sud qui ont fait le (mauvais) choix de la révolution verte.

Le piège des systèmes extensifs

L'échec relatif de la révolution verte n'implique pas pour les pays du Sud de devoir basculer dans les systèmes extensifs, c'est-à-dire peu productifs à l'hectare mais exigeant plus de surface agricole, des exploitations latifundiaires d'Amérique du Sud ou d'Amérique centrale : les bienfaits économiques de l'extensivité sont aussi faibles que ses dégâts environnementaux sont importants.

D'abord, les propriétaires de ces grandes exploitations ne travaillent pas eux-mêmes la terre. Ils ne font qu'y investir, avec pour seul souci d'en retirer le maximum de profit. La production est laissée aux ouvriers agricoles, permanents ou saisonniers. La conception et la conduite des systèmes de culture et d'élevage sont, elles, laissées à des gérants salariés avec la consigne de réaliser le maximum d'économies d'échelle. Des systèmes de culture et d'élevage spécialisés à l'extrême sont ainsi mis en place : grandes étendues dédiées à la seule monoculture cotonnière, gigantesques plantations de canne à sucre intégrées à de puissants complexes agro-industriels, soja à perte de vue, prairies permanentes au sein d'immenses ranchs d'élevage extensif... Au sein de telles unités de production, il est toujours plus rentable d'acheter de puissantes machines agricoles motorisées que de recruter des cohortes de salariés agricoles et leurs contremaîtres. Ainsi, au Brésil, dans les anciennes savanes *(cerrados)* du Goiás et du Mato Grosso, les investisseurs privés qui ont acquis de vastes superficies pour y faire cultiver du soja à grande échelle ont eu vite fait de remplacer par des tracteurs et d'autres engins motorisés la main-d'œuvre salariée et les anciens ouvriers agricoles, lesquels ont été obligés de fuir dans les bidonvilles des grandes métropoles, quand ce n'est pas dans la forêt amazonienne. La déruralisation n'est d'ailleurs pas le seul dommage que causent ces latifundias. Le passage répété des tracteurs et des engins à disque provoque une compaction et une érosion accélérées des sols. Sur les terrains dédiés à la monoculture de soja transgénique on observe en plus une invasion de mauvaises herbes[1] réfractaires à l'herbicide et une infestation des cultures par la rouille asiatique[2].

Les ravages de la monoculture extensive[3] ne sont pas nouveaux. Les grandes plantations cotonnières

1. Sorgho d'Alep, amarante sauvage, etc.

2. Maladie causée par un champignon pathogène *(Phakopsora pachyrhizi)* dont la propagation sur de très vastes espaces est favorisée par la monoculture.

3. Contrairement à une idée préconçue, la monoculture

qui occupaient les plaines et les vallées les plus fertiles de l'Amérique centrale ont connu un déclin rapide entre 1960 et 1980 suite aux dégâts écologiques provoqués par les épandages inconsidérés d'insecticides. Des insectes résistants ont en effet proliféré rapidement, leurs concurrents et prédateurs ayant tous été éradiqués. Face à cette situation, le premier réflexe des gérants a été de forcer sur les traitements – jusqu'à vingt-quatre pulvérisations annuelles dans certaines plantations du Nicaragua et du Salvador –, ce qui n'a fait qu'aggraver la situation. Les insectes étaient toujours là, les coûts de production ont augmenté, et la rentabilité s'est effondrée. Le personnel a fini par reconvertir les grands domaines en ranchs d'élevage pastoral extensif ou par se tourner vers de nouvelles monocultures tout autant moto-mécanisées et aussi peu intensives en travail : sésame destiné aux huileries, sorgho vendu aux fabriques d'aliments de bétail, etc.

---

pratiquée au sein des latifundias, très mécanisée et chimisée n'est pas pour autant intensive ; elle procure en effet très peu d'emplois et ses rendements à l'hectare sont peu élevés. C'est en remplaçant la main-d'œuvre par des machines et des herbicides et en exploitant ainsi davantage de surface par actif que les gérants des grands domaines parviennent à maximiser les taux de profit, sans générer beaucoup de valeur ajoutée par unité de surface.

Selon des mécanismes assez proches de ceux qui ont précipité la chute des exploitations cotonnières d'Amérique centrale, les plantations de caféiers du Sri Lanka ont été quasi anéanties par la rouille orangée *(Hemilia vastatrix)* à la fin du XIXe siècle, et les plantations de cacaoyers de Côte-d'Ivoire commencent de nos jours à être envahies par l'herbe du Laos *(Chromolaena odorata)*. Les pollutions chimiques et les déséquilibres écologiques engendrés par les épandages répétés de produits phytosanitaires dans les très vastes bananeraies d'Amérique centrale obligent désormais les compagnies multinationales qui les possèdent (Del Monte, United Brands, Chiquita, etc.) à déplacer périodiquement leurs zones d'approvisionnement. Demain, ce seront les nouvelles plantations d'agrumes en Afrique du Sud ou celles, actuellement en pleine extension, de palmiers à huile sur l'île de Bornéo qu'il faudra déplacer le temps que la nature essaye tant bien que mal de réparer les dégâts de ces systèmes agricoles.

5

Quand les campagnes se vident

Quand un paysan ne peut faire vivre sa famille de sa terre, il la quitte ; c'est une évidence, mais nous avons trop souvent tendance à oublier que la première cause des problèmes migratoires actuels vient de là : des faillites de l'agriculture dite « modernisée », autrement dit de la « révolution verte » dans beaucoup de pays du Sud.

La ruée vers les villes

La proportion d'urbains dans la population mondiale est en constante progression et dépasse depuis 2008 les 50%[1]. À première vue, cet exode peut être attribué à l'attractivité des villes où les populations disposent de meilleurs services publics que dans

1. À l'échelle mondiale, les ruraux seraient devenus minoritaires aux alentours de l'année 2008.

les campagnes : électricité, eau courante, médecine, transports collectifs, etc. Ce serait oublier qu'une grande partie de ces nouveaux urbains ne vit pas à proprement parler dans des villes mais dans les excroissances de celles-ci, ces bidonvilles dépourvus de toutes commodités et au sein desquels prédominent le chômage, la misère et l'insécurité.

Ces nouveaux urbains auraient-ils été victimes d'un mirage ? À vrai dire, ils n'ont pas eu le choix. Certains ont été chassés des campagnes par un mouvement de « modernisation » qui a consisté, concrètement, à remplacer de la main-d'œuvre nationale par de coûteuses machines, importées, et du désherbant chimique, également importé. Ainsi, en Amérique latine, de nombreux ouvriers agricoles et paysans sans terre ont été brutalement licenciés ou expulsés des grandes exploitations latifundiaires au motif qu'ils n'étaient plus assez rentables, et se sont retrouvés contraints de chercher du travail dans les villes avoisinantes, qui n'en avaient pas forcément à leur proposer. Une belle démonstration du fait que les choix « rationnels » d'investisseurs privés ne sont pas toujours conformes à l'intérêt général, ou du moins à l'intérêt du plus grand nombre. Car cette main-d'œuvre condamnée à migrer vers les villes ou bidonvilles sans pouvoir y obtenir un emploi s'y révélera bien plus coûteuse à la collectivité.

Les paysans qui fuient vers les villes sont aussi, parfois, des petits propriétaires terriens ne parvenant plus à dégager assez de revenus de leurs terres, soit parce que celles-ci sont trop restreintes, soit parce que les outils dont ils disposent, le plus souvent manuels, ne leur permettent pas d'atteindre une productivité suffisante. Dans un premier temps, ces migrations sont saisonnières puisque c'est lors des périodes creuses (saison sèche ou au contraire moment de très forte pluviométrie) que les jeunes adultes encore célibataires quittent l'exploitation agricole pour aller travailler en ville. Et si la situation ne s'améliore pas, ils se résignent à chercher un emploi de plus longue durée, et donc émigrent souvent vers des villes plus importantes. Résultat : des terres abandonnées et de jeunes ménages vivant dans la précarité à la lisière des grandes agglomérations.

Autre raison de quitter sa terre : les faillites brutales d'exploitations provoquées par l'incapacité du chef de famille à rembourser les emprunts. Pour avoir accès aux moyens de la révolution verte et rester ainsi dans la course à la compétitivité sur le marché mondial des produits agricoles et alimentaires, maintes familles paysannes se sont lourdement endettées auprès des services de crédit agricole officiels ou de commerçants usuriers. Beaucoup d'entre elles ont dû hypothéquer leurs terres et leurs troupeaux, décision fatale en cas d'intempéries ou d'accident phytosanitaire : il suffit parfois d'une mauvaise récolte pour obliger des familles entières à quitter immédiatement leurs exploitations et à partir chercher du travail en ville.

À Bangkok, certaines prostituées sont contraintes d'exercer leur métier pour le compte de « protecteurs » tant que leurs parents n'ont pas remboursé les emprunts contractés auprès d'eux. À Bogotá ou Caracas, les gamins cirent les chaussures sous la dépendance de gangs pour les mêmes raisons. Et que penser des millions de paysans chinois qui continuent de migrer massivement vers les villes côtières à la recherche d'un hypothétique emploi, sans attendre d'y avoir obtenu le permis de résidence (*hukou*) ? La population des villes chinoises a augmenté de quatre cents millions au cours des trente dernières années et il est probable que cinq cents millions de personnes soient contraintes de quitter leurs campagnes dans les trois décennies à venir. La Chine, mais aussi l'Inde (Bombay, Calcutta) et de nombreux pays du Sud se trouvent face au même défi : leurs mégalopoles (Lagos, Johannesburg, Rio de Janeiro, Mexico, etc.) ont de plus en plus de mal à digérer l'afflux de migrants venus des campagnes.

La ruée vers les forêts

L'erreur serait de croire que tous les paysans qui abandonnent leurs terres vont vers les villes. Certains, nous le savons, quittent le pays et tentent l'aventure de l'immigration clandestine. D'autres, nous le savons moins, fuient la campagne pour… la forêt. Avec des conséquences sociales et écologiques qui ne sont pas forcément plus positives.

C'est ce qui s'est produit au Burkina Faso mais aussi au nord de la Côte-d'Ivoire où des paysans ont occupé une partie des forêts méridionales pour y planter des caféiers ou des cacaoyers. Dans un premier temps, jusqu'à la fin des années 1970, ils ont été plutôt bien accueillis. Mais le phénomène a pris de plus en plus d'ampleur, au point de faire pratiquement disparaître la forêt et de provoquer le mécontentement des populations autochtones. D'où les troubles sanglants en Côte-d'Ivoire qui ont obligé le gouvernement français à y envoyer des troupes pour « rétablir l'ordre ». Le même phénomène s'est produit en Indonésie où les îles de Sumatra et Bornéo ont vu affluer dans leurs forêts des paysans javanais transformés en « colons malgré eux ». Les conflits qui secouent l'Indonésie ont l'apparence de conflits ethniques, mais leurs causes sont d'abord agricoles.

Dans toutes ces régions, les paysans exilés vers les régions forestières commencent généralement par abattre de petits pans de forêt et cultivent ensuite des plantes vivrières (riz pluvial, maïs, haricot, manioc, etc.), pour leur propre consommation familiale, au sein des nouveaux essarts. Pour peu que la région soit équipée de pistes permettant le transport de produits pondéreux, ces mêmes agriculteurs y installent ensuite des plantations arboricoles (agrumes, caféiers, palmiers à huile, etc.) leur permettant de délimiter clairement et définitivement les territoires gagnés sur la forêt. C'est ainsi qu'ont disparu de nombreuses forêts primaires[1] : par l'élargissement des surfaces plantées en cacaoyers sur le pourtour du golfe de Guinée (Ghana, Côte-d'Ivoire, Cameroun, etc.), par le développement accéléré de la caféiculture sur les hauts plateaux vietnamiens, par l'extension des plantations d'hévéas dans la péninsule du sud de la Thaïlande, et par l'implantation de cocotiers et d'abacas dans les Visayas (Philippines).

Le grignotage de la forêt amazonienne au nord-est du Brésil participe de la même logique, mais avec un facteur aggravant : le développement des

1. Une forêt primaire est une forêt qui n'a pas encore été exploitée par l'homme et dont les processus biologiques et écologiques sont intacts.

grands élevages bovins extensifs. Des milliers de paysans sans terre, fuyant la misère de leurs zones d'origine, ont été contraints d'aller s'approprier quelques arpents de terre... aux dépens de réserves indigènes. Cette colonisation commence presque toujours par la déforestation puis la mise en culture des parcelles essartées après abattis-brûlis. Dans ces régions très humides, les terrains ainsi exposés au soleil sont rapidement envahis par les herbes adventices et les premiers occupants (*posseiros*), qui ne disposent même pas des outils nécessaires pour leur enfouissement (houes, bêches, charrues attelées), sont contraints d'abandonner les parcelles après seulement deux années de culture et d'en défricher de nouvelles à proximité. Les terrains ainsi libérés sont le plus souvent rachetés ou réoccupés par de nouveaux colons plus fortunés, ayant les moyens d'y faire pâturer quelques bovins. Parfois même, le premier occupant a intérêt à ensemencer de l'herbe en association avec ses cultures vivrières, afin de pouvoir revendre plus cher l'espace en voie d'enherbement rapide. Les premiers défricheurs ne font alors bien souvent que préparer les pâturages de grands éleveurs. La véritable origine de la déforestation de l'Amazonie et de la perte de sa biodiversité n'est donc pas le grignotage de la forêt par des petits cultivateurs pratiquant l'abattis-brûlis ; c'est leur intérêt à avancer toujours plus loin dans la forêt pour satisfaire le désir d'extension de ranchs d'élevage pour le compte de riches investisseurs.

Dans certaines parties de l'Amazonie, le grignotage de la forêt n'est d'ailleurs même plus le fait de ces petits paysans. Les déboisements et les essouchements sont réalisés directement, et à grande échelle, par de puissantes sociétés, équipées de tronçonneuses et de bulldozers. D'immenses plantations de soja, servant à nourrir nos cochons et nos volailles en protéines, ne cessent de s'étendre aux abords de la forêt amazonienne, dans les États du Mato Grosso et du Rondônia. De même, de gigantesques plantations de palmiers à huile servant à ravitailler notre planète en agrocarburants, huiles alimentaires et cosmétiques grignotent la forêt des îles de Bornéo et Sumatra en Indonésie. Ainsi, un peu partout dans le monde, des multinationales et des fonds de pension exigeant toujours plus de profits accaparent d'immenses espaces de terres agricoles à la périphérie des dernières grandes zones forestières du Sud.

La ruée vers le Nord

Pour le Nord, l'aspect le plus visible de cet exode rural est l'immigration clandestine, même si peu de discours politiques rattachent ce phénomène aux dérèglements agricoles. C'est pourtant un fait : les migrants clandestins qui parviennent en France et en Europe de l'Ouest sont issus pour l'essentiel de pays et de régions du Sud dans lesquels l'agriculture en crise ne parvient plus à nourrir correctement la population (Afrique subsaharienne, Maghreb, Moyen-Orient, Haïti, etc.). Certes, ces migrants doivent payer pour cela des passeurs et ne font donc pas partie des couches les plus pauvres de la population. Certains clans familiaux sont contraints par exemple de vendre une dizaine de bovins pour que l'un des leurs puisse tenter l'aventure, avec l'espoir d'obtenir un retour sur investissement si l'émigré parvient ensuite à trouver un travail au Nord. Mais c'est bien l'insuffisance des revenus dans le Sud qui pousse un grand nombre de familles rurales et urbaines à envoyer leurs enfants à l'étranger. C'est bien parce que des millions de paysans ont dû quitter leurs terres et qu'ils ne trouvent pas d'emploi en ville que certains vont tenter, au péril de leur vie, l'aventure de l'immigration clandestine.

On l'ignore souvent, les migrants clandestins qui tentent de rejoindre les pays européens après avoir traversé tant bien que mal le désert libyen et la mer Méditerranée ne représentent que la face émergée de l'iceberg. Des mouvements migratoires bien plus massifs ont lieu tous les jours sur les autres continents, sans que cela fasse les gros titres de nos journaux. Sait-on vraiment combien de Mexicains et autres Latino-Américains tentent aujourd'hui de pénétrer aux États-Unis, au risque, eux aussi, d'y perdre leur vie ? Et a-t-on seulement une idée du pourcentage d'entre eux qui y parviennent ? Connaît-on vraiment les effectifs d'Égyptiens et de Palestiniens qui travaillent sur les chantiers de construction dans les pays pétroliers du Moyen-Orient ? Combien de domestiques et de femmes de ménage ont été renvoyés aux Philippines lors de la crise financière qui a affecté Dubaï en 2009 ? Même en Chine, où la croissance économique annuelle avoisine pourtant les 10 %, la création d'emplois dans les cités côtières ne suffit pas à absorber l'afflux de migrants de l'intérieur en provenance des campagnes. Beaucoup de ces émigrés d'origine paysanne *(mingong)* résident clandestinement en ville, attendant vainement d'être embauchés par des entreprises de travaux publics. De plus en plus décident donc de partir pour l'Australie, les États-Unis, l'Europe, l'Amérique latine et l'Afrique. En France, près du tiers des immigrants clandestins proviennent désormais de Chine.

En Chine comme dans les autres pays du Sud, l'enjeu est donc d'accroître rapidement la productivité du travail agricole en préservant les capacités productives des agroécosystèmes et sans remplacer systématiquement la main-d'œuvre par des machines car l'objectif est de fixer les populations agricoles sur leurs terres.

Deux questions cruciales se posent alors : trouvera-t-on les techniques agricoles permettant cela ? Et à quelles conditions socioéconomiques parviendront-elles à se diffuser au plus grand nombre ?

6

Le mirage des OGM

Les OGM conçus pour éradiquer la faim dans le monde ?

Les OGM sont des organismes génétiquement modifiés, autrement dit des organismes vivants transformés par l'intégration de gènes issus d'autres espèces, voire d'autres règnes (animaux, bactéries, etc.). Cette technique, appelée la « transgenèse », n'est pas nouvelle : cela fait plus de douze ans que sont commercialisées des semences de plantes transgéniques et plus de cent vingt-cinq millions d'hectares d'OGM sont aujourd'hui cultivés dans le monde (8 % des terres cultivables). Les États-Unis, l'Argentine, le Brésil et le Canada concentrent à eux seuls près de 90 % des surfaces cultivées avec des OGM. Le soja, le maïs, le colza et le cotonnier sont les quatre principales espèces végétales concernées.

La plupart des espèces commercialisées de nos jours sont des plantes (maïs, colza, soja, coton, etc.) dans lesquelles on a introduit des gènes de résistance à des herbicides et/ou des gènes de tolérance à la présence d'insectes nuisibles. Ainsi, les paysans ayant acquis du colza ou du soja OGM n'ont théoriquement plus à craindre les insectes et peuvent facilement éliminer les mauvaises herbes sans risquer d'abîmer les plantes en épandant du glyphosate – l'herbicide vendu par Monsanto sous la marque « Roundup »[1]. On touche là au cœur de la question des OGM, qui nous amène à regarder dans le détail les avantages et les inconvénients de cette nouvelle technologie : les compagnies semencières qui développent et commercialisent les OGM sont souvent les mêmes que celles qui commercialisent les engrais chimiques et les produits phytosanitaires ou en sont très proches. Monsanto est la plus citée, mais il faut également parler d'AstraZeneca, DuPont, Novartis et Bayer CropScience. À elles cinq, elles commercialisent 90 %

1. Le glyphosate est le principe actif de l'herbicide produit initialement par la seule transnationale Monsanto et commercialisé sous le nom de « Roundup ». La période du brevet déposé pour cet herbicide étant maintenant dépassée, le glyphosate est désormais un herbicide générique. D'où l'intérêt pour la transnationale de lier contractuellement l'utilisation des variétés transgéniques à l'emploi du seul « Roundup ».

des semences certifiées OGM. Or est-il raisonnable de penser que ces multinationales ont conçu ces OGM pour les marchés non solvables du Sud, autrement dit pour éradiquer la faim dans le monde ? On peut légitimement en douter.

Le vrai bilan des OGM de première génération

Selon leurs défenseurs, les plantes génétiquement modifiées de première génération, les seules commercialisées pour l'instant, présenteraient quatre grands types d'avantages : accroissement des rendements, baisse des coûts de production, gain notable en éléments nutritifs, protection facilitée des cultures contre la concurrence des mauvaises herbes et les attaques d'insectes prédateurs. Mais cela est-il avéré ? Regardons par exemple ce qui s'est passé là où ces OGM de première génération ont été adoptés, avec un relatif succès : dans les exploitations capitalistes d'Argentine, du Brésil et d'Afrique australe, et les exploitations familiales étroitement encadrées par les services de l'État en Chine. Dans tous les cas, les effets obtenus par les variétés transgéniques portent davantage sur les moindres coûts en main-d'œuvre que sur une augmentation sensible des rendements. On a ainsi observé dans ces régions converties aux OGM une augmentation du chômage et une accélération de l'exode rural.

Du point de vue environnemental, on sait que l'emploi de ces variétés transgéniques n'est pas sans danger à moyen et long terme. En cause, par exemple, la migration naturelle de gènes inopportuns gagnant la flore sauvage : en se dispersant, le pollen porteur du gène de résistance aux herbicides peut transférer ce dernier à des mauvaises herbes, qui risquent alors de proliférer. C'est ce qui arrive déjà avec le colza transgénique et les plantes sauvages de la même famille[1] dans nombre d'exploitations OGM du Nord (Canada, États-Unis), et cela représente une menace encore plus grave pour le Sud où la biodiversité est plus grande et les ruraux moins bien armés face à de tels risques[2].

Un autre danger concerne les variétés de plantes pourvues d'un gène leur permettant de secréter une toxine capable de tuer les agents ravageurs : les risques de prolifération d'insectes devenus résis-

1. Plantes de la famille des crucifères : ravenelle, moutarde des champs, neslie en panicule.

2. Les flux de transgènes entre variétés de colza et crucifères spontanées sont malheureusement bien connus aux États-Unis et au Canada. Mais sait-on ce qui pourrait advenir si un gène de résistance aux herbicides, transféré sur un riz cultivé, se retrouvait ensuite dispersé sur les populations de riz sauvages en Asie du Sud-Est ? Les riz sauvages ne risqueraient-ils pas de devenir envahissants au détriment des riz cultivés ?

tants à la toxine sont bien plus accrus qu'avec les pesticides ordinaires, et pour combattre ces insectes devenus résistants, les agriculteurs n'ont alors plus d'autre choix que d'utiliser de nouveaux pesticides. Une véritable fuite en avant ! Cela est déjà avéré avec les cotonniers transgéniques aux États-Unis, en Chine et en Inde. Bien sûr, les vendeurs d'OGM prennent toujours soin de demander aux paysans de garder une partie des surfaces pour y cultiver des variétés non transgéniques afin de créer des « zones refuges », zones où l'on maintient un relatif équilibre écologique permettant d'éviter la prolifération des insectes devenus résistants à la toxine présente dans la plante transgénique. Mais sachant les difficultés que rencontrent les pays du Nord à faire respecter cette précaution en dépit de tout un arsenal de contrôles, peut-on sérieusement penser qu'elle va être suivie par les producteurs de coton et de maïs de Bobo-Dioulasso au Burkina Faso, de Sikasso au Mali, ou de Korhogo en Côte-d'Ivoire ?

Les bénéfices des OGM de première génération sont loin d'être évidents : les économies réalisées (essentiellement sur la main-d'œuvre) ne sont pas pérennes et les OGM en question créent de toute façon du chômage et de lourds déséquilibres au sein des écosystèmes. Un bilan plus que mitigé donc, avant même que ne soient vraiment connus leurs effets sur l'organisme humain…

Que faut-il espérer des futurs OGM de deuxième génération ?

Les OGM qualifiés de « deuxième génération » sont des organismes dans lesquels on s'efforce encore d'intégrer et combiner plusieurs gènes afin de rendre les plantes plus riches en qualités nutritionnelles et gustatives, plus résistantes aux agents pathogènes, aux stress hydriques ou à la salinité des sols. Serait-on alors sur la piste d'une solution durable aux problèmes de famine et de malnutrition du Sud ? On ne peut *a priori* l'exclure quand on sait que les paysans du Sud sont régulièrement à la recherche de nouvelles espèces pour faire face aux carences alimentaires. Mais on ne peut cependant l'affirmer, car ces OGM de deuxième génération incorporent un assez grand nombre de transgènes et sont beaucoup plus difficiles à mettre au point (et leurs semences seront donc plus chères). À quoi s'ajoute le fait que les multiples transgènes introduits interfèrent avec d'autres gènes dans un très grand nombre de régulations métaboliques au sein des plantes, ce qui fait craindre que ces OGM de deuxième génération secrètent en leur sein de nouvelles protéines aux effets imprévisibles et indésirables.

Les premiers reproches à faire à ces OGM de deuxième génération sont des reproches de bon sens : n'est-ce pas jouer aux apprentis sorciers que de vouloir commercialiser ces variétés avant d'avoir sérieusement étudié l'ensemble de ces interactions entre gènes de mêmes plantes ? Prenons l'exemple du riz doré *(golden rice)*, un riz OGM de deuxième génération auquel on a intégré des gènes de jonquille en vue de lui faire produire du β-carotène, précurseur de la vitamine A. Sait-on seulement aux dépens de quelles fonctions ce β-carotène pourra être produit au sein de la plante cultivée ? A-t-on alerté les agriculteurs sur le fait qu'il ne pourra sans doute pas être synthétisé sans consommation accrue d'énergie et donc sans diminution des rendements ? Bref, la démarche la plus raisonnable ne serait-elle pas d'apporter la vitamine A dans l'assiette plutôt que de vouloir l'intégrer coûte que coûte dans les grains de la céréale ? Car rien ne permet aujourd'hui de garantir que l'utilisation de cet OGM de deuxième génération n'aurait pas pour premier effet une diminution très sensible des rendements.

Du fait de toutes ces incertitudes, la mise au point de ces OGM risque de demander encore du temps et il n'est pas sûr qu'ils reçoivent leur autorisation de mise sur le marché avant dix ou quinze ans. Or la validité des brevets est de vingt ans et risque donc d'être dépassée lorsque de tels OGM mis au point à grands frais pourront être commercialisés. On comprend donc aisément pourquoi ces

OGM de deuxième génération intéressent aujourd'hui relativement peu les sociétés privées...

Les variétés mises en culture au moment de la révolution verte ne sont donc pas près d'être remplacées par des variétés plus performantes. Et qu'elles provoquent les dégâts détaillés plus haut n'y change rien : le but des grands semenciers est de vendre de nouvelles semences à chaque cycle de culture. Pour cela, ils interdisent contractuellement aux paysans de ressemer les mêmes variétés avec les graines issues de leurs propres récoltes. Les agriculteurs qui ne respectent pas leurs engagements sont poursuivis en justice. Mais s'il est possible de pourchasser ainsi quelques grands exploitants nord-américains, comment faire face à la multitude de petits paysans non solvables du Sud ? Pour asseoir définitivement la dépendance des paysans, petits ou gros, aux multinationales de la semence, une arme absolue existe : le « Terminator », un ensemble de gènes qui serait capable de rendre stériles les semences récoltées lors de la moisson des plantes transgéniques. Le jour où l'utilisation du « Terminator » sera autorisée, l'agriculture mondiale basculera définitivement dans la mauvaise science-fiction.

Arrêtons de nous focaliser sur l'« amélioration » génétique

Discourir des atouts et inconvénients des OGM de première ou deuxième génération nous amène à oublier de nous poser une question essentielle : est-ce vraiment en « améliorant » les espèces que nous allons accroître les performances de nos systèmes de production agricole ? En d'autres termes, si l'humanité souffre de malnutrition et de sous-nutrition (ou de malbouffe), est-ce vraiment en raison de la faible efficacité des variétés mises en culture ? Faisons un rêve : les OGM de deuxième génération seraient enfin mis au point, prouvés sans danger et cultivés par les paysans pauvres de la planète ; que se passerait-il ? Les rendements augmenteraient peut-être dans un premier temps, mais très vite les paysans devraient fertiliser davantage leurs terrains pour compenser les pertes d'éléments minéraux prélevés lors de chaque récolte. Faute de cela, c'est-à-dire faute de moyens nouveaux (engrais chimiques, produits phytosanitaires, etc.) les gains de rendement ne pourraient être maintenus et la situation risquerait vite de revenir au point de départ. Les dettes et les dégâts environnementaux en plus…

Contrairement à ce qu'on pense, ce n'est donc pas vraiment le potentiel génétique des variétés qui limite les rendements agricoles des pays du Sud, c'est la fertilité globale des agroécosystèmes : fertilité des sols, absence relative d'agents pathogènes, faible incidence des insectes prédateurs, etc. Et n'oublions pas que c'est le faible équipement dont disposent les paysans qui vient en premier lieu restreindre la productivité de leur travail. Tant qu'à procéder à de la sélection génétique, autant donc le faire en prenant en compte les conditions de production : conditions écologiques, bien sûr, mais aussi conditions socioéconomiques ; des paysans travaillant dans une précarité extrême peuvent avoir intérêt à limiter les risques en privilégiant des variétés aux rendements moyens mais stables de façon à ne jamais s'exposer à de très mauvaises récoltes. C'est ainsi qu'il peut être plus intéressant, dans une perspective de rendement de long terme, de sélectionner les espèces non en fonction de leur strict potentiel de rendement mais de leur « rusticité », c'est-à-dire de leur résistance en cas de brutal accident climatique (sécheresse, grêle, inondation, etc.), de leur tolérance à la présence de nouveaux insectes prédateurs, etc.

On répondra qu'au Nord, l'amélioration variétale a bien contribué à l'accroissement des rendements. C'est vrai, mais elle était couplée à une fertilisation chimique des sols et bénéficiait de progrès décisifs en matière d'association agriculture-élevage et de fertilisation organique des sols.

Autant de conditions qu'on ne rencontre que rarement au Sud où les sols sont souvent pauvres en humus et peu réceptifs aux engrais de synthèse... de surcroît pas toujours disponibles.

Encore plus que les paysans du Nord, les paysans du Sud n'ont donc pas intérêt à entrer dans cette course à l'amélioration variétale qui conduit à terme à ne cultiver qu'un très faible nombre de variétés. Au lieu de mettre tous leurs œufs dans le même panier, ils ont au contraire intérêt à associer plusieurs espèces végétales dans un même champ. C'est la seule façon d'évaluer vraiment le rendement d'une nouvelle espèce : mesurer les conséquences de son utilisation non pas en théorie mais en situation. Au Sud comme au Nord, il faudrait d'ailleurs s'interdire de parler d'« amélioration variétale » dans l'absolu, indépendamment du contexte, à savoir la diversité des conditions agroécologiques et socioéconomiques. Au nom de quoi les généticiens et les agronomes seraient-ils plus autorisés que d'autres à dicter ce qui doit être le meilleur ? Et pourquoi exclure aujourd'hui les agriculteurs de la sélection variétale, apanage dont ils jouissaient depuis la naissance de l'agriculture au Néolithique ? En matière agricole, les scientifiques se font trop facilement scientocrates. Il est temps de redonner du pouvoir aux paysans.

7

Cap sur l'agroécologie

On l'a vu, c'est la pauvreté des paysanneries du Sud qui est la cause de la faim et de la malnutrition dans le monde. Ces malheurs ne pourront être surmontés que si ces paysans parviennent à produire en quantité suffisante les vivres dont ils ont besoin. Cela veut dire qu'ils devront doubler leur production de céréales dans les quatre décennies à venir, tout en s'adaptant au réchauffement climatique, en atténuant les émissions de gaz à effet de serre et en respectant au mieux le cadre de vie des populations urbaines et rurales. Impossible ? Non. C'est un défi que les paysanneries du Sud peuvent relever avec une grande gamme de techniques agroécologiques qui ont déjà fait leurs preuves.

Utiliser au mieux l'énergie solaire

L'énergie que nous dépensons dans chacun de nos actes quotidiens (la marche, la respiration, le chant, le travail, les discours, etc.) provient de l'énergie solaire. Ce sont les végétaux qui, par le biais de la photosynthèse, transforment une partie de cette énergie lumineuse en calories alimentaires servant aux organismes humains et animaux. Maintenir une couverture végétale quasi permanente des sols et associer sur les mêmes parcelles plusieurs espèces dont les parties aériennes s'épanouissent et interceptent au mieux la lumière à des hauteurs différentes est donc essentiel. Si l'on veut régler le problème de la faim, plus un seul rayon de soleil ne doit tomber directement à terre, sans que son énergie n'ait été utilisée pour la photosynthèse !

Mais encore faut-il que les plantes cultivées puissent transpirer assez… Car la photosynthèse est aussi le processus qui permet à un végétal de s'emparer du gaz carbonique présent dans l'atmosphère en le fixant sous forme d'hydrates de carbone (sucres, amidon, etc.), tout en libérant de l'oxygène dans l'air. La photosynthèse suppose donc nécessairement un processus d'échanges gazeux. Or, en cas de pénurie d'eau et de climat momentanément trop sec, les plantes ont tendance, pour éviter de trop se dessécher, à fermer les orifices (ou stomates) par lesquels la vapeur d'eau pourrait s'échapper. Ce faisant, elles ne se contentent pas de se prémunir contre la déshydratation, elles renoncent à capter le gaz carbonique, et donc à produire des calories alimentaires *via* la photosynthèse. Afin de profiter pleinement de l'énergie solaire, les paysans doivent donc protéger au mieux les plantes cultivées des vents desséchants et les prémunir d'une exposition exagérée au soleil, tout en leur apportant éventuellement de l'eau par irrigation.

Pour combattre le dessèchement par les vents et favoriser la pénétration des eaux de pluie dans le sol, il existe une technique naturelle : l'entretien de haies vives autour des parcelles. Elles jouent le rôle de brise-vent et contribuent à limiter le ruissellement des eaux au bénéfice de l'infiltration, à protéger les sols de l'érosion pluviale ou éolienne, à freiner la propagation des agents pathogènes, et à minimiser enfin les risques de très mauvaises récoltes en cas d'accidents climatiques. Tout cela grâce à de simples haies qui, rappelons-le, ont été systématiquement abattues pour favoriser le passage des tracteurs et autres engins motorisés.

L'agroforesterie

L'agroforesterie consiste à entretenir diverses plantes annuelles sous un couvert arboré de faible densité. Outre que les arbres maintenus en plein champ procurent généralement divers produits utiles aux habitants, ils ont un rôle souvent bénéfique pour la croissance et le développement des plantes cultivées sous leur frondaison, en créant avec leur léger ombrage et leur effet brise-vent un microclimat qui leur est favorable. La chute régulière de leur feuillage contribue à enrichir la couche arable du sol en éléments minéraux (phosphore, potassium, calcium, etc.) préalablement puisés en profondeur par les racines[1]. Les arbres et arbustes peuvent aussi héberger ou alimenter des insectes auxiliaires des cultures, favorisant la pollinisation de maintes plantes cultivées et atténuant la prolifération d'éventuels ravageurs. Là encore, il n'y a presque que des avantages. Là encore, c'est une technique que nous utilisions autrefois en France où l'on voyait des pommiers dans les prairies et des céréales dans les oliveraies, mais que nous

1. Ne vaut-il pas mieux puiser régulièrement les éléments minéraux issus de l'altération quotidienne des roches en sous-sol plutôt que d'épuiser les mines de potasse, phosphate et oligoéléments, dont les ressources ne sont pas renouvelables ?

avons qualifiée hâtivement d'obsolète pour favoriser la mécanisation agricole.

En Asie, beaucoup de familles paysannes qui pratiquaient autrefois l'agriculture d'abattis-brûlis se sont converties avec succès à l'agroforesterie en enrichissant les recrûs forestiers de diverses espèces utiles (hévéa, damar[1], cardamome, mûrier à papier, rotin, aliboufier à benjoin, etc.). Elles ont ainsi été capables d'assurer la nourriture et les revenus de populations croissantes (jusqu'à deux cents habitants au kilomètre carré) sans dégradation des sols ni prolifération d'herbes adventices.

En Afrique, en Amérique latine et en Asie du Sud, où se pratique encore beaucoup l'agriculture sur abattis-brûlis, le défi à relever est de faire évoluer ces systèmes vers l'agroforesterie en enrichissant les recrûs arborés. L'expérience montre qu'il n'est d'ailleurs pas toujours nécessaire de planter de nouvelles espèces arborées. Lorsque celles-ci préexistent dans la forêt originelle, il suffit bien souvent de les protéger d'une concurrence excessive de la part des autres espèces et d'en favoriser ainsi le développement spontané. Cette régénéra-

1. *Shorea javanica*, arbre dont on extrait une résine à haute valeur commerciale.

tion naturelle assistée (RNA[1]) est souvent très efficace et peu coûteuse. Ainsi, dans des conditions aussi difficiles que les milieux semi-arides du Rajasthan et du Gujarat indiens, de l'Afrique sahélo-soudanienne ou de la bande septentrionale de la Namibie, certaines sociétés rurales sont déjà parvenues à cultiver systématiquement leurs céréales et légumes secs sous un couvert arboré permanent de prosopis, karités, nérés, mopanes et acacias divers.

Même des pays montagneux déjà dramatiquement déboisés comme Haïti ou le Salvador ne sont pas condamnés à l'abattis-brûlis : des arbres et des arbustes (bananiers, manguiers, palmiers, arbres à pain) cohabitent déjà, mais sur des surfaces trop restreintes, autour des habitations, avec des cultures annuelles (céréales, tubercules, légumes divers, herbes médicinales, etc.). Ici comme ailleurs, l'agroforesterie peut se développer avec profit, tout comme on l'observe sur le plateau bamiléké au Cameroun. Il n'existe en réalité qu'un seul frein à l'expansion de cette technique agri-

1. La régénération naturelle assistée consiste à protéger activement les repousses spontanées de certaines espèces arbustives et arborées utiles au sein même des champs cultivés, avec souvent pour effet d'améliorer la fertilité des sols au sein de véritables parcs agroforestiers.

cole : l'absence de garantie des paysans, qui la plupart du temps empruntent ou louent leurs terres, d'y avoir accès sur une relativement longue durée.

Des légumineuses en association et en rotation culturale

Nous avons impérativement besoin de protéines dans notre alimentation. Il s'agit en effet de constituants essentiels pour la fabrication et l'entretien de nos muscles, nos neurones, notre sang, etc. Mais la synthèse des protéines exige de l'azote et se révèle exigeante en énergie. Notre agriculture industrielle et chimisée a, pour ce faire, très largement recours à des engrais azotés de synthèse (urée, nitrate d'ammonium, etc.) dont la fabrication est très coûteuse en énergies fossiles (pétrole, gaz naturel, etc.). Fort heureusement, il est possible de s'en soustraire : des plantes de la famille des légumineuses (haricots, fèves, pois chiches, lentilles, vesce, trèfle, luzerne, etc.) sont en effet capables de fixer par elles-mêmes l'azote de l'air et fournir ainsi les protéines dont nous avons besoin pour l'alimentation humaine ou animale, en utilisant l'énergie issue de la photosynthèse. D'où l'intérêt de cultiver régulièrement ces plantes en rotation ou en association avec les céréales, les tubercules ou les plantes industrielles. Non seulement ces légumineuses nous fournissent des protéines mais leurs résidus de culture contribuent aussi à fertiliser les sols en azote, par la voie biologique, pour les besoins des autres cultures. Une technique qui a recours à une ressource naturelle inépuisable (l'azote de l'air) et qui devrait nous épargner bien des pollutions et des dépenses en énergies fossiles, au Nord comme au Sud !

Évidemment, cette technique agroécologique exige plus de travail, mais en période de chômage, ce n'est pas un mal en soi. Si elle a du mal à s'imposer, c'est davantage parce qu'elle va à l'encontre de la spécialisation de notre agriculture sous la pression des multinationales du machinisme agricole et de l'agrochimie.

Associer les diverses activités agricoles

L'association agriculture-élevage

L'association de l'élevage avec l'agriculture est un des moyens les plus efficaces et les plus courants pour recycler sous la forme de fourrage les résidus de culture (fanes de légumineuses, pailles et son de céréales, brisures) et transformer les excréments animaux (bouse de vaches, fiente de volailles, lisier de porc) en fertilisants naturels des sols. Cette technique agroécologique ne présente donc que des avantages… mais elle n'est pas forcément à la portée de tous les agriculteurs. Premièrement, elle exige parfois de réserver une partie des surfaces de l'exploitation à la production de fourrages destinés à l'alimentation des animaux ; or tous les paysans du Sud ne disposent pas de superficies suffisantes pour cela. Deuxièmement, elle suppose que les déjections animales soient d'abord concentrées dans des parcs puis transportées jusqu'aux parcelles cultivées ; or tous les paysans du Sud ne disposent pas de moyens de transport et de manutention (pelles, râteaux, fourches, animaux de bât, charrettes attelées, etc.).

L'association agriculture-pisciculture-élevage

La Chine méridionale et l'Asie du Sud-Est ont raffiné l'association agriculture-élevage en y ajoutant la pisciculture. Cela s'est révélé être un moyen efficace d'accroître les productions à l'hectare, grâce au recyclage des résidus de culture et des déjections animales. Le système fonctionne peu ou prou ainsi : dans les étangs piscicoles hébergeant différentes espèces de poissons, le paysan déverse régulièrement toutes sortes d'herbes et de déchets végétaux et animaux, de la fiente de volaille au lisier de porc, en passant par les matières fécales d'origine humaine ; cette fertilisation organique entretient un écosystème aquatique d'une grande complexité, valorisé au mieux grâce à la récupération qu'opèrent les diverses espèces de poissons. Ainsi, les paysans parviennent à produire annuellement, et de façon totalement biologique, jusqu'à huit tonnes de poissons à l'hectare. Et cela bénéficie également aux cultures puisque les bassins piscicoles sont récurés périodiquement afin de récupérer leurs sédiments pour fertiliser les légumes et arbres fruitiers des jardins attenants.

L'association polyculture-élevage diversifié

Les systèmes de polyculture-élevage diversifié sont bénéfiques pour les paysans devant échelonner leurs périodes de travail tout au long de l'année, de façon à assurer le plein emploi de leur main-d'œuvre familiale, sans pointes excessives ni temps morts. Évidemment, la diversité des activités qu'impose ce type de système de production ne se prête guère aux économies d'échelle. Mais du fait de cette grande diversité des activités et des productions, ces systèmes diluent les risques et se révèlent les plus résilients : ce sont eux qui seront le moins sévèrement touchés par les perturbations du réchauffement climatique. À l'opposé de l'hyper-spécialisation pratiquée au nom des économies

Des prix faibles ou volatils

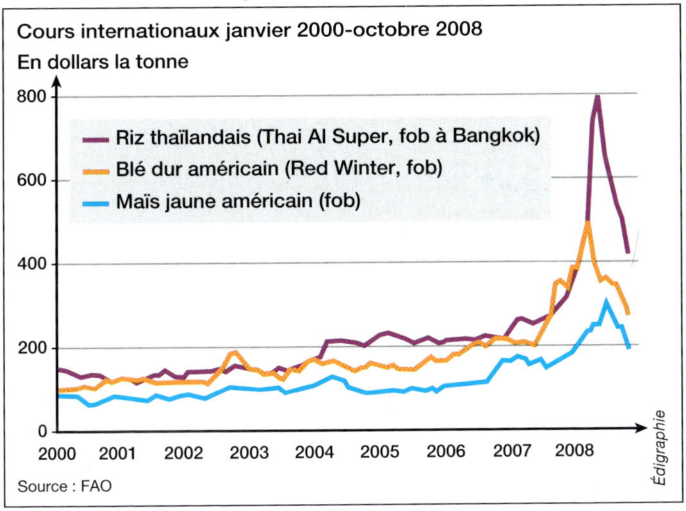

Prix internationaux des céréales et aide alimentaire

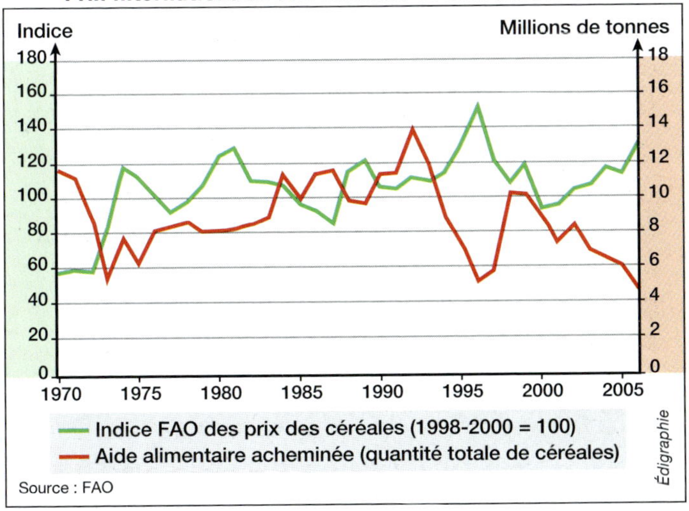

La malnutrition du « tiers-monde »

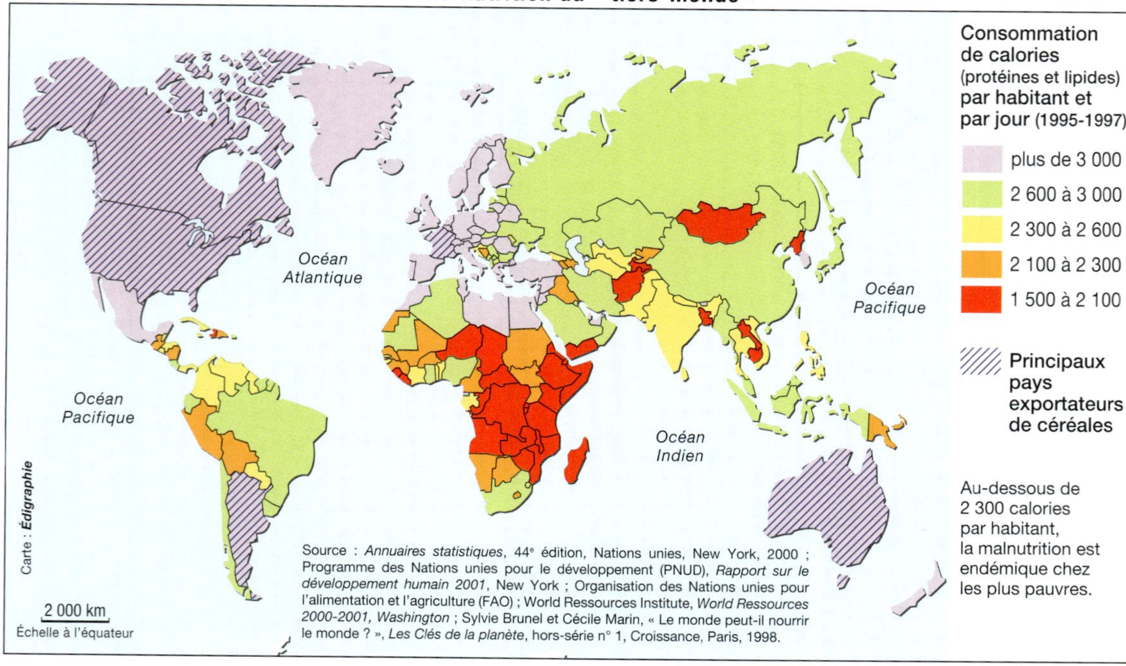

Les risques d'érosion par petites régions agricoles en automne

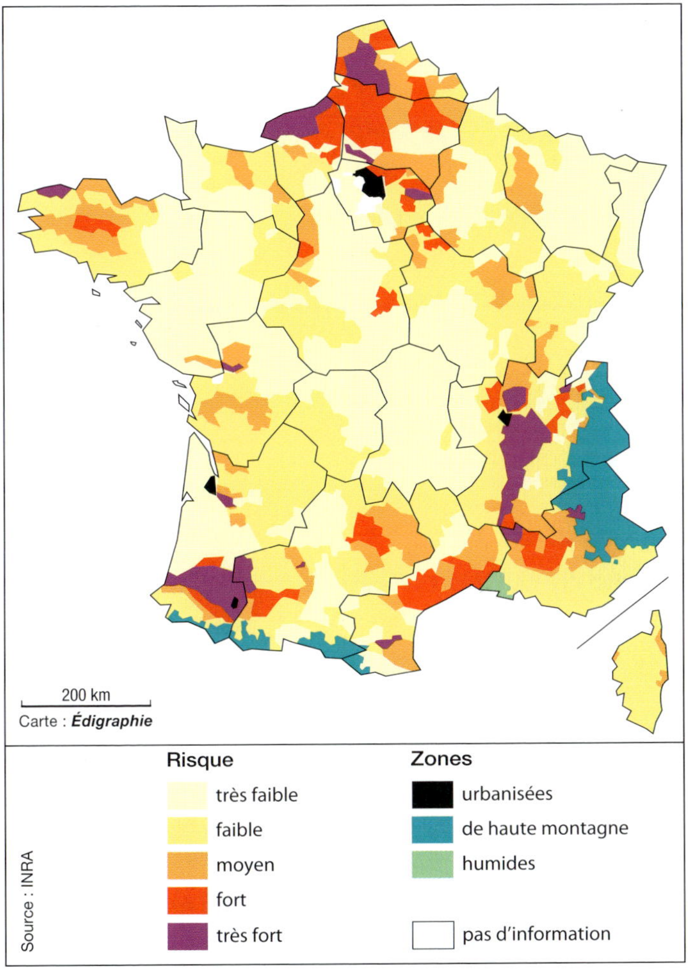

Céréales : Les rendements annuels moyens en France

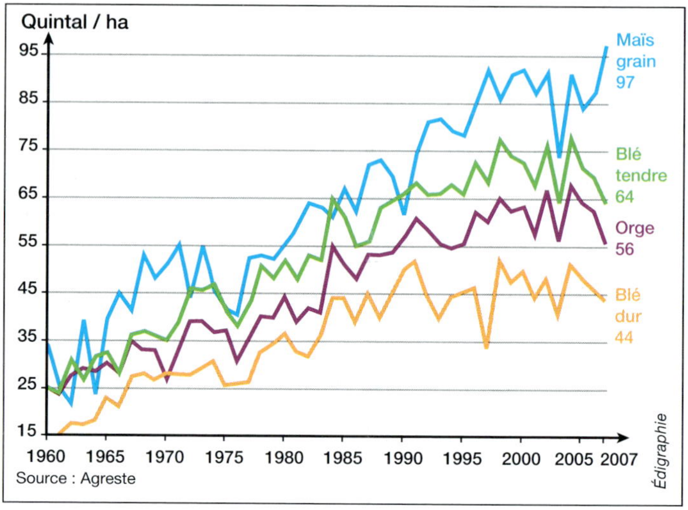

Évolution des surfaces et du nombre d'exploitations en France

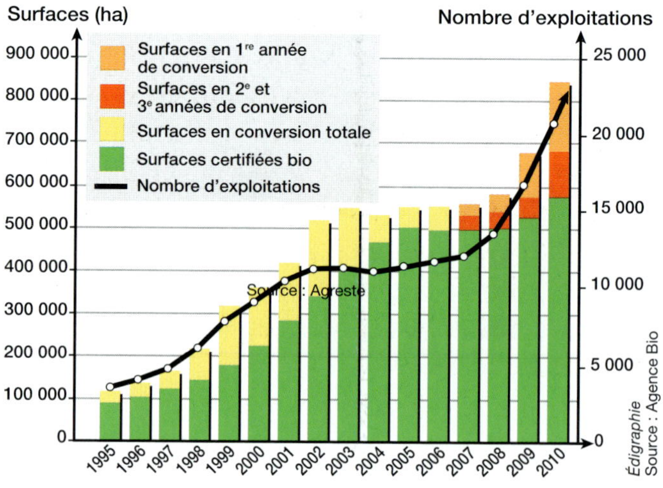

d'échelle dans les très grandes exploitations, et dont nous avons évoqué plus haut les fâcheuses conséquences sur l'emploi et l'environnement, l'association polyculture-élevage correspond parfaitement à l'intérêt des paysans qui travaillent pour leur compte et ne souhaitent pas prendre de risques inconsidérés. Le problème est que les agriculteurs les plus pauvres n'ont pas toujours les moyens de la mettre en œuvre, et nous verrons qu'il devrait donc être du rôle des États de leur en faciliter l'accès.

D'un point de vue strictement technique, il existe donc déjà des systèmes de culture et d'élevage qui permettent d'accroître très sensiblement les productions à l'hectare. Cette agroécologie peut être qualifiée d'intensive dans la mesure où elle vise à produire davantage à l'hectare. Elle fait un usage massif des ressources naturelles renouvelables ou inépuisables (l'énergie solaire, le carbone et l'azote de l'air, les éléments minéraux qui résultent de l'altération des roches, etc.), autrement dit celles qui nous coûtent le moins en argent et en pollution. Et elle est très économe en produits toxiques et en énergies fossiles, à l'opposé de l'agriculture industrielle. Pour cela, elle mérite d'être développée, au Nord comme au Sud.

Réorienter la recherche agronomique

Au lieu de chercher prioritairement des variétés à haut potentiel génétique de rendement photosynthétique, ne devrait-on pas chercher les façons d'associer les espèces végétales pour que l'énergie lumineuse disponible soit interceptée de façon optimale par la végétation cultivée ?

Au lieu de ne sélectionner les variétés qu'en fonction de leur rendement en station expérimentale, ne devrait-on pas privilégier des variétés rustiques, en théorie moins performantes mais en réalité plus rentables et moins risquées car tolérantes aux prédateurs ou agents pathogènes ?

Au lieu de chercher des solutions chimiques à la question de la fertilité des sols, ne devrait-on pas chercher à faire meilleur usage des bactéries et des champignons du sol[1] ?

Au lieu de chercher à éradiquer les prédateurs, ne devrait-on pas viser à les neutraliser en maîtrisant au mieux la biologie des insectes auxiliaires des cultures afin de les assister dans leurs relations

1. Trop méconnu encore est le rôle des champignons mycorhiziens du sol dans l'absorption des éléments minéraux par les plantes cultivées et dans la protection de ces dernières contre les organismes pathogènes. Mais d'une façon plus générale, beaucoup reste encore à faire pour mieux comprendre et maîtriser la biologie des sols.

avec les organismes ravageurs, ce qui en épargnerait l'éradication ?

La recherche agronomique s'est depuis trop longtemps focalisée sur l'amélioration génétique, oubliant que le travail des agriculteurs ne se limite pas à la conduite d'une culture ou d'un troupeau, mais consiste à aménager et à mettre en valeur des agroécosystèmes complexes afin d'en tirer périodiquement, et sur le long terme, des matières utiles. Au lieu de vouloir élaborer sans cesse de prétendues « améliorations » génétiques en station expérimentale, toutes choses égales par ailleurs, les chercheurs devraient donc commencer par reconnaître cette évidence : ce sont les agriculteurs qui restent les principaux innovateurs sur leurs propres terroirs. Là où la recherche agronomique est attendue, c'est pour rendre plus intelligibles les systèmes mis en place par les paysans, c'est pour expliquer les effets des nouvelles techniques, c'est pour élaborer des modèles prédictifs. Tels devront être les principaux objectifs des travaux scientifiques en agroécologie. Le développement agricole a en effet besoin de recherches qui soient à la fois plus fondamentales[1] et plus respectueuses des

1. Cela peut paraître paradoxal, mais trop souvent directement appliquée et menée en milieu parfaitement contrôlé, la recherche agronomique n'est pas encore parvenue à rendre

conditions et des savoir-faire paysans. Le défi est de tout faire désormais pour que les agronomes spécialisés en génétique, sciences du sol, nutrition animale, défense et protection des cultures, etc. aient enfin une vision globale et prospective du contexte dans lequel travaillent les agriculteurs afin de repérer leurs intérêts, leurs besoins, et les moyens auxquels ils peuvent effectivement avoir accès. En un mot, les ingénieurs agronomes seraient bien inspirés de passer moins de temps dans leurs stations expérimentales et de retourner… à la ferme.

---

parfaitement intelligible la complexité du fonctionnement des agroécosystèmes aménagés par les paysans. L'agronomie manque effectivement de recherches fondamentales et va devoir à coup sûr s'inspirer davantage des méthodes en vigueur en écologie.

8

Remettre le paysan au cœur du développement

C'est un fait, les principaux obstacles à l'élévation des rendements agricoles dans le respect de l'environnement ne sont pas techniques mais socioéconomiques : accès limité aux crédits, dépendance à l'égard des compagnies semencières et agro-industrielles, structures agraires injustes, législations foncières inadéquates, concurrence inégale entre producteurs sur les marchés mondiaux, etc.

Les paysans n'ont besoin de personne pour inventer une agriculture performante et durable. Il faut juste leur en donner les moyens.

Promouvoir les agricultures paysannes…

Les conditions économiques et sociales dans lesquelles les agriculteurs exercent leur profession présentent une extrême diversité selon les régions. Prétendre pouvoir mettre au point des solutions standard est donc absurde. Aucune technique ne peut être considérée comme bonne dans l'absolu. Tout dépend s'il s'agit de petits ou moyens propriétaires travaillant directement leurs propres terres, d'exploitants ayant recours ou non à des salariés, de fermiers ou de métayers travaillant dans des conditions précaires, etc. Un point est clair cependant : au Sud comme au Nord, ce sont les exploitations de taille moyenne bien ancrées dans leur « pays » qui se convertissent le plus facilement à l'agroécologie. Le développement de techniques agricoles à la fois plus productives et respectueuses de l'environnement paraît en effet plus aisé dans les unités de production familiales, moins soumises aux impératifs d'économie d'échelle et de réduction des coûts salariaux que les grandes exploitations capitalistes. À l'inverse des grands propriétaires fonciers qui ne travaillent pas directement dans leurs exploitations et se contentent d'y injecter du capital en espérant y faire de plus grands profits que sur d'autres placements, les paysans investissent leur épargne dans les équipements susceptibles de valoriser au mieux leur propre force de travail familiale afin d'améliorer leur bien-être. Ainsi, on ne verra jamais une famille paysanne travaillant pour son compte remplacer sa propre main-d'œuvre par des machines tant qu'elle ne trouve pas ailleurs des opportunités de travail plus rémunérateur. C'est en revanche ce qui se produit quasi systématiquement sur les grandes exploitations agricoles ayant à leur tête des gérants salariés.

La force de l'agriculture paysanne, c'est d'être gérée par des gens qui vivent au cœur de leurs exploitations, connaissent leurs terroirs, sont responsables de leurs actes, et savent s'adapter en permanence aux conditions changeantes de leur environnement écologique et économique. Les familles paysannes les plus aisées travaillant pour leur propre compte bénéficient en effet d'une grande autonomie de gestion pour concevoir leurs assolements, mettre en œuvre les rotations culturales, conduire et alimenter les troupeaux, transformer les produits à la ferme, etc. Et les plus pauvres ? Elles sont trop souvent privées du minimum nécessaire (fourches, râteaux, pelles, bêtes de somme, charrettes, chariots, etc.) pour transporter pailles, chaumes, tubercules, fourrages, fumiers ou compost, et sont ainsi dans l'incapacité d'exploiter pleinement les possibilités de l'agroécologie. L'urgence est donc de leur permettre d'acquérir enfin ces équipements… somme toute peu onéreux.

... en provoquant une nouvelle réforme agraire

La mise en œuvre de pratiques agricoles hautement productives à l'hectare et respectueuses de l'environnement suppose que les familles paysannes puissent avoir accès à des terrains de taille suffisante et assez longtemps afin d'être assurées de pouvoir bénéficier sur le long terme des fruits de leurs efforts. Mais au Brésil, en Équateur, au Venezuela, aux Philippines, en Afrique du Sud, la plupart des paysans n'ont quasiment pas de terre en propre. Ils ne disposent que de lopins trop petits pour permettre de nourrir leur famille, et sont donc obligés de chercher à s'employer dans les grandes exploitations. À l'opposé, les grands propriétaires de ces régions ont, eux, toutes les ressources pour se convertir à l'agroécologie... mais n'ont guère intérêt à le faire. Plutôt que créer des emplois pour les paysans sans terre, ils remplacent cette main-d'œuvre par des machines et mettent en place des systèmes de production peu exigeants en travail : élevage bovin de type ranching, plantations pérennes nécessitant peu d'entretien (cocotiers, palmiers à huile, sisals, bambous...), monocultures de canne à sucre ou de soja, etc. Évidemment, ces systèmes de production sont préjudiciables à l'environnement. Mais cela ne rentre pas – pour l'heure – dans le calcul qui a présidé à leur mise en place : la recherche du profit maximal à court terme. Lorsque les terres sont dégradées, ces capitalistes ne tardent pas d'ailleurs à les revendre pour en racheter un peu plus loin ou placer leurs capitaux dans d'autres secteurs de l'économie.

Telle est bien la contradiction de trop nombreuses régions agricoles du Sud où se côtoient grands propriétaires fonciers et paysans sans terre : d'un côté, des pauvres qui auraient intérêt à produire plus mais n'en ont pas les moyens ; de l'autre, des riches qui le pourraient fort bien, mais n'y ont nullement intérêt. La conclusion s'impose : si l'on veut mettre fin à la faim, on ne pourra faire l'économie d'une authentique réforme agraire qui répartira les terres de manière plus équitable. La justice sociale n'est pas seule en cause, l'efficacité économique et la sécurité alimentaire l'exigent de toute urgence.

Les exemples de réformes agraires radicales ayant amené de grands succès économiques sont nombreux. L'Asie orientale et du Sud-Est a connu une croissance accélérée suite aux redistributions foncières au profit des métayers et autres paysans sans terre au milieu du siècle dernier. À Taïwan (en 1949) et en Corée du Sud (en 1953), ce sont les Américains qui ont imposé ces redistributions, pour des raisons politiques : apaiser la colère des paysans et éviter qu'ils ne rejoignent les communistes. En Chine populaire et au Vietnam, il s'est agi de répartir égalitairement le foncier agricole après l'échec des collectivisations. Les raisons étaient donc différentes, mais les résultats identiques : ces mesures ont toujours ramené les unités de production à une taille moyenne, ce qui a permis aux familles rurales modestes de satisfaire leurs besoins vitaux, d'accroître leurs revenus et donc de mieux équiper leurs exploitations.

Le cercle vertueux était amorcé : l'autoconsommation assurée, le surplus a pu être vendu sur les marchés urbains, de sorte que les paysans ont été en mesure d'acheter les nouveaux biens de consommation auxquels ils n'avaient jusque-là pas accès. Les usines locales, tournant à plein, ont pu rapidement rentabiliser leurs investissements et ainsi disposer de nouveaux capitaux pour partir à la conquête de marchés à l'export. L'industrialisation de ces pays d'Asie orientale et du Sud-Est doit beaucoup à l'augmentation rapide des rendements et de la production agricoles, à la suite des réformes agraires.

Ailleurs, notamment en Amérique latine et en Afrique australe, l'idée qu'une meilleure répartition des terres n'est pas seulement une exigence de justice sociale mais d'efficacité économique a plus de mal à faire son chemin. La crainte des dirigeants est de faire chuter la productivité du travail agricole en mettant fin aux avantages comparatifs des grandes exploitations hautement mécanisées. Mais c'est oublier que cette forme d'agriculture dans les régions latifundiaires contribue surtout à accélérer l'exode rural, sans véritablement accroître les valeurs ajoutées rapportées à l'unité de surface. La masse salariale y est réduite au minimum mais les équipements de substitution coûtent cher et les rendements à l'hectare ne sont pas très élevés, du fait de travaux réalisés mécaniquement à la hâte, sans grand soin… C'est ce qui explique que l'Amérique latine et l'Afrique australe aient connu l'exode rural et l'urbanisation les plus rapides du monde, sans qu'y aient été créées d'industries véritablement prospères. Les bidonvilles surpeuplés qui bordent São Paulo, Mexico, Caracas, Johannesburg, etc. sont le fruit de cet exode rural aussi précipité que prématuré, et d'un déséquilibre entre l'offre et la demande d'emplois, avec les conséquences que l'on sait sur l'insécurité. Ne pas faire de réforme agraire pour préserver l'avantage concurrentiel des grandes exploitations ? Une absurdité économique doublée d'un crime social.

Assurer l'accès des paysans aux terres agricoles sur le long terme

Un autre grand problème à résoudre est celui des régions agricoles et pastorales d'Afrique subsaharienne où les terres sont encore largement soumises au régime de l'indivision. Ces régions peu densément peuplées, où l'on pratique encore souvent l'agriculture sur abattis-brûlis, sont cultivées à temps partiel, durant la saison des pluies, puis livrées à la vaine pâture[1] en saison sèche. L'accès au foncier y reste souvent libre pour tous les éleveurs, pendant la saison sèche, une fois récoltées les céréales et autres plantes annuelles. Du coup, aucun paysan n'a intérêt à y planter des arbres ou à y effectuer des investissements à long terme, par crainte de voir ses efforts anéantis ultérieurement par le passage des animaux. Cette pratique profite surtout aux éleveurs possédant les plus gros cheptels, et très souvent, par suite du surpâturage des terrains indivis, l'entretien de la fertilité des sols ou du couvert végétal est négligé. C'est ce qu'on appelle la « tragédie des communs ». Finalement, les paysans ne se comportent pas différem-

1. La vaine pâture est la pratique au moyen de laquelle des éleveurs amènent leurs troupeaux pâturer librement sur les terrains qui viennent d'être récoltés, sans entrave aucune, quels qu'en soient les propriétaires ou les usufruitiers.

ment sur ces terres en indivision que les habitants d'un immeuble dans les parties communes : personne ne prendra seul l'initiative de repeindre la cage d'escalier ou de passer la serpillière dans le hall d'entrée.

Faut-il donc, comme l'a longtemps préconisé la Banque mondiale à plusieurs gouvernements de l'Afrique subsaharienne, partager ces terres indivises et les distribuer, titres de propriété à l'appui ? Cela paraît logique mais les quelques expériences menées au nom du principe de « la terre à celui qui la travaille » ont, parce qu'elles méconnaissaient le droit coutumier, abouti à une plus grande insécurité des conditions d'accès au foncier. Ce qui devenait légal (l'appropriation définitive) est apparu illégitime à beaucoup d'agriculteurs. Et ce qui leur paraissait légitime (les redistributions périodiques sous l'autorité des aînés) est brutalement devenu illégal. Bref, un droit étatique s'est superposé aux droits coutumiers locaux, sans que ceux-ci disparaissent vraiment, ce qui n'a fait qu'ajouter de la confusion à des situations déjà fort complexes. Pire : les nouvelles incertitudes sur les droits et les devoirs de chacun ont été à l'origine de comportements destructeurs inédits. Les familles les plus riches, capables de mettre en valeur les plus grandes surfaces, se sont lancées dans une course effrénée à l'appropriation définitive des terres cultivables en s'efforçant d'en exploiter au plus vite le maximum, quitte à défricher la forêt ou à déboiser la savane.

Finalement, on s'est rendu compte que ce n'est pas l'existence de biens publics qui pose en soi des problèmes, mais l'absence de règles reconnues par tous pour assurer la gestion de ces biens conformément à l'intérêt commun. Pour reprendre l'exemple des parties communes de nos immeubles, elles ne sont entretenues que lorsque les copropriétaires se sont entendus sur des règles communes (payer une entreprise de ménage, une concierge, ou s'en occuper à tour de rôle). Même la Banque mondiale admet aujourd'hui que la privatisation de ces terres indivises n'est pas forcément la panacée. Et qu'elle peut même priver les paysans les plus pauvres de leurs droits fonciers ancestraux.

Redistribuer périodiquement les terres arables des différentes zones en fonction de l'évolution du nombre de bras et de bouches à nourrir peut finalement se révéler plus efficace, car cela permet d'affecter la force de travail villageoise avec souplesse et équité, et d'éviter l'apparition de paysans sans terre. Pour sécuriser les droits fonciers sur les terrains agricoles et les aires pastorales, il n'est donc pas obligatoire de passer par une privatisation des terres ; d'autres procédés sont envisageables, et le législateur serait bien inspiré de prendre systématiquement connaissance de ce qui se pratique déjà à l'échelle locale, de vérifier si n'est pas mis en place une sorte de droit coutumier, et d'évaluer ses répercussions sur les systèmes de culture et d'élevage. Il éviterait ainsi d'édicter en matière de foncier agricole des normes plus efficientes et plus équitables à ses yeux, mais à ses yeux seulement.

Mettre fin au *land grabbing*

Le phénomène est encore largement ignoré du grand public mais il ne cesse de prendre de l'ampleur : des millions d'hectares de terres agricoles d'Afrique subsaharienne et d'Amérique du Sud sont cédés chaque année par des États du Sud à des investisseurs privés du Nord ou de pays émergents (Chine, Corée, Inde, etc.). En clair, des fonds de pension ou des fonds souverains sont en train de racheter (ou louer pour quatre-vingt-dix-neuf ans), en toute discrétion, les meilleures terres du Sud. Ainsi a-t-on appris en 2008 que la société coréenne Daewoo Logistics négociait avec l'État malgache pour acquérir près de 1,3 million d'hectares de terres arables. Des fuites sur ces négociations ont fort heureusement provoqué un tollé à Madagascar et contraint le gouvernement à renoncer à ce contrat[1]. Mais ce n'est que partie remise :

1. C'est même l'une des raisons pour lesquelles, en 2009, le chef de l'État malgache Marc Ravalomanana a été contraint de quitter le pouvoir et fuir son pays.

inquiets de leur sécurité alimentaire et persuadés de la supériorité économique des grandes exploitations, le Nord et quelques puissances émergentes se sont donné comme objectif, *via* des multinationales et des fonds spéculatifs, d'accaparer les terres agricoles du Sud. Et cette menace ne rencontre pour l'instant que trop peu de résistance. En tout cas pas celle des opinions publiques des pays concernés, largement ignorantes de cette nouvelle colonisation qu'est le *land grabbing*.

Est-il d'ailleurs certain que cette pratique garantirait la sécurité alimentaire des pays accapareurs ? La question est évidemment choquante mais il est intéressant d'y répondre : en plus d'être immorale, cette colonisation des terres agricoles des pays les plus pauvres du Sud a toutes les chances d'être inefficace. On sait ce qu'il est advenu des immenses exploitations agricoles dans les pays d'agriculture latifundiaire : des systèmes de production extensifs, peu productifs et rarement orientés vers les productions vivrières. Pourquoi en irait-il différemment avec ces terres accaparées et confiées à des fonds spéculatifs ? La sécurité des approvisionnements du Nord serait bien mieux assurée par la contractualisation des achats de productions végétales et animales auprès de paysans du Sud à qui on donnerait les moyens de travailler pour leur propre compte. Erreur agricole donc, doublée d'une faute morale.

La terre n'est pas un bien comme un autre, une marchandise pouvant être concentrée aux mains des plus offrants. Croire que les lois du marché peuvent assurer à elles seules une allocation des terres qui soit efficace économiquement et juste socialement est, au mieux, une absurdité.

Équiper les campagnes

Pour être efficace une réforme agraire ne doit pas se limiter à la redistribution des terres ou à la sécurisation de l'accès au foncier, elle doit également garantir l'accès à tous les moyens de production : eaux souterraines et de surface, cheptels, matériels et infrastructures. On a trop souvent vu des paysans impuissants à mettre en valeur les terres qui venaient de leur être octroyées. Sans animaux, avec seulement des outils manuels, un actif agricole ne peut guère exploiter plus d'un hectare l'an, et se trouve donc contraint de laisser le reste en friche. C'est donc à l'État d'intervenir pour équiper les paysans, en commençant par investir dans les infrastructures essentielles à la hausse des rendements, à la conservation des récoltes et à leur commercialisation : réseaux d'irrigation et de drainage, terrasses et talus antiérosifs, haies vives, aires de séchage, silos, pistes rurales, etc.

Évidemment, tout cela coûte de l'argent et les ressources fiscales de ces pays sont souvent faibles. Mais est-ce la vraie raison de leur impuissance ? Quand on observe que les recettes publiques financent des bâtiments administratifs de haut standing, des terrains de golf, des monuments de prestige et autres dépenses somptuaires, on peut se poser la question. Et que dire des détournements de fonds vers des comptes secrets domiciliés dans les paradis fiscaux ?

Réorienter l'aide publique au développement

C'est un fait, les États du Sud sont souvent déficients. L'aide publique au développement a donc été créée pour pallier leurs déficiences. Sur le papier. Car dans les faits les promesses d'aides des pays riches, bruyamment annoncées et répétées à l'Onu, au G8 et au G20… ne sont que très partiellement accordées. Pire : la part de l'agriculture dans l'aide publique au développement ne cesse de décroître. Elle représentait 18 % à 19 % du montant total de l'aide au cours des années 1980. Elle n'atteignait plus que 3 % à 4 % en 2005. L'agriculture, mère de beaucoup des grands problèmes de la planète, est remisée au rang d'enjeu secondaire. Il est donc urgent d'accroître cette aide… et de la réorienter.

Les critiques formulées à l'égard de l'efficacité de l'aide au développement, telle qu'elle a été pratiquée jusque-là, sont nombreuses et légitimes. Elle a entraîné le surdimensionnement de certaines infrastructures, conduit à des choix de productions inadaptées aux conditions locales, à des transferts de technologies tout aussi inappropriés au regard des coûts d'entretien et de réparation ultérieurs, et a sans cesse privilégié les économies d'échelle au mépris des intérêts et savoir-faire paysans, sans parler de fonds détournés de leurs objectifs... Bref, l'aide au développement est à refondre sur la base de cette évidence : pour être efficaces, les investissements réalisés dans les campagnes doivent prendre en compte les situations concrètes de chaque zone rurale. Le temps des projets de développement conçus en amont par des « experts » et livrés « clés en main » est révolu.

Financer les agriculteurs

C'est à l'échelle des villages et des terroirs qu'il est possible de concevoir et de réaliser les investissements les plus efficaces. L'idéal est donc que les agriculteurs aient eux-mêmes les moyens de financer leurs équipements. Mais comment un paysan pauvre qui n'a aucun bien à donner en gage pour garantir son emprunt peut-il parvenir à s'endetter ? À l'exception des commerçants usuriers qui connaissent bien leurs clients et peuvent donc faire pression pour obtenir des remboursements, aucune banque privée n'a intérêt à octroyer des prêts. L'agriculture est une activité bien trop aléatoire et risquée. Les États ont donc été obligés de mettre en place leurs propres systèmes de crédit agricole. Avec souvent des résultats désastreux puisque de nombreuses caisses publiques ont rapidement fait faillite...

En cause : le trop grand nombre d'emprunteurs pour de petits montants qui font exploser les coûts de gestion, le manque de flexibilité dans les modalités d'attribution, l'impossibilité de saisir les biens des mauvais payeurs, l'insuffisance de la couverture du risque météorologique ou de chute des cours et... des détournements de fonds. Logiques ou scandaleuses, les raisons de l'échec ont été nombreuses, et les gouvernements ont dû souvent annuler les dettes des agriculteurs les plus en difficulté. Régulièrement, les prêts se sont donc transformés en subventions, ce qui a encouragé les paysans... à ne plus rembourser les nouveaux prêts. Un cercle vicieux s'est ainsi mis en place dont on ne pourra sortir qu'en disant explicitement qu'il ne s'agit plus de prêts mais de subventions. Ces agriculteurs sont subventionnés dans les faits. Pourquoi ne pas l'assumer dans les discours ? Pourquoi vouloir à tout prix maintenir les paysans sous la menace apparente d'une sanction en cas de non-remboursement alors même qu'ils devinent qu'il n'en sera rien puisqu'ils ne possèdent rien et n'ont rien qui puisse être saisi ? Il n'y a pas de mal à subventionner directement l'achat des moyens de production dont on souhaite privilégier l'utilisation. Il y va même d'une certaine justice sociale. Pourquoi, finalement, les agriculteurs seraient-ils privés de subventions incitatives à la production alors que les citadins bénéficient d'infrastructures et de services gratuits (électricité, eau courante, routes asphaltées, etc.) ?

Le crédit aux agriculteurs est et restera une activité risquée et difficile, parce que les petits paysans du Sud n'ont pas de biens à mettre en gage, et parce qu'ils sont dans l'incapacité de dissocier clairement les comptes de leurs unités de production et ceux de leurs familles. Le même fonds de roulement peut être mobilisé successivement pour acheter des semences, se procurer des outils, acquérir des biens de consommation pour le ménage ou payer l'école des enfants. En ne voulant prêter de l'argent que pour les activités productives, les organismes de crédit poursuivent une chimère car les familles paysannes souffrent de déficits de trésorerie récurrents – notamment pendant les périodes de soudure[1] –, tandis que la vie de la famille doit suivre son cours

1. La soudure désigne la période entre deux récoltes où la nourriture et l'eau peuvent manquer.

et que ses dépenses continuent. Les paysans n'ont donc pas d'autre choix que d'aller puiser dans les caisses de leurs unités de production pour des dépenses de consommation courante. Les banques rechignent à accorder des prêts à la consommation aux paysans pauvres alors que ces prêts pourraient être très rentables. Sans subvention ni prêt destiné à satisfaire ses besoins de consommation en situation d'urgence, le paysan peut être, par exemple, obligé de vendre prématurément ses jeunes animaux. Alors qu'avec un peu d'argent disponible, il peut attendre de les avoir engraissés pour les mettre sur le marché et donc les vendre à un bien meilleur prix.

C'est dans ce contexte que sont nés les systèmes de microfinance, plus ou moins inspirés de ceux mis en place par la Grameen Bank de Muhammad Yunus, dont l'ambition est d'offrir aux paysans pauvres des petits prêts à taux moindres que ceux pratiqués par les prêteurs usuriers en situation de monopole. Le système de microcrédit profite aujourd'hui à près de trois cents millions de petits agriculteurs dans le monde. Mais l'expérience montre que pour réussir, le microcrédit exige des règles draconiennes librement consenties par les bénéficiaires : par exemple que les emprunteurs appartiennent à des groupes de caution solidaire, avec interdiction d'accorder des prêts à plus de la moitié de leurs membres, de façon à ce que les agriculteurs qui envisagent de solliciter un prêt fassent pression sur ceux du groupe qui tardent à rembourser afin qu'eux-mêmes puissent à leur tour emprunter.

Le microcrédit aux paysans pauvres peut donc fonctionner, pourvu que les bénéficiaires en fassent leur propre affaire, sans trop d'ingérences extérieures. Mais ces systèmes très subtils traitent imparfaitement les symptômes (la pauvreté et les déficits de trésorerie), sans toucher aux causes du problème : la politique de prix agricoles. Plutôt que de vouloir colmater un système injuste et inefficace, il faut que les pays du Sud mènent une politique de prix rémunérateurs qui permette à leurs petits paysans de dégager des revenus suffisants, afin de pouvoir constituer une épargne qu'ils réinvestiront ensuite pour s'équiper et améliorer leurs systèmes de culture et d'élevage. Impossible ? C'est pourtant ce qu'a fait le Nord avec ses agriculteurs au lendemain de la Seconde Guerre mondiale. Pourquoi le Sud ne pourrait-il pas aujourd'hui en faire autant ?

9

Le libre-échange agricole, c'est le vol

On connaît la formule de Proudhon : « La propriété, c'est le vol. » Mais que dire de la façon dont fonctionnent aujourd'hui les échanges internationaux en matière agricole ? Plutôt que de se lancer dans de grands discours forcément suspects d'arrière-pensée politique, regardons comment les choses se passent concrètement. Allons par exemple acheter un sac de riz au marché de Tananarive, à Madagascar.

Sac de riz malgache contre sac de riz de Louisiane

En se promenant dans les travées, nous nous rendons vite compte que nous avons le choix entre deux types de riz : un riz local produit et vendu par des familles paysannes de la région ; un riz importé, de différentes régions du monde, dont la Louisiane et la Camargue. Pour avoir une chance de vendre son sac de riz, la famille paysanne malgache s'est alignée sur le prix du riz importé... au prix d'un immense sacrifice, pour ne pas dire d'une immense injustice.

Une famille paysanne pauvre qui n'a pas accès à la traction animale est contrainte de labourer sa rizière à la bêche et de repiquer les plantules de riz à la main. Elle ne peut implanter guère plus d'un demi-hectare par travailleur et par an. Trop pauvre pour se procurer des engrais de synthèse ou des amendements organiques, il ne lui faut pas espérer obtenir un rendement moyen annuel bien supérieur à une tonne par hectare. Par travailleur et par an, elle ne peut donc pas disposer de plus de cinq cents kilos de paddy (riz non décortiqué), soit trois cent quatre-vingts kilos de riz décortiqué. Avec cette production, il est possible de nourrir deux personnes pendant une année. Une famille comptant un actif pour deux personnes à nourrir pourrait donc assurer son équilibre calorique avec cette production, mais c'est sans compter qu'elle devra en vendre une partie pour acheter des produits de consommation de toute première nécessité : médicaments, textiles, savons, etc.

Une partie du riz, pourtant vital à son alimentation, va donc être proposée à la vente sur des marchés… et mise en concurrence avec des sacs importés de Thaïlande, du Vietnam, de Louisiane ou de Camargue. À quantités identiques et qualités à peu près égales, ces sacs vont être vendus approximativement au même prix. Mais avec cent hectares cultivés dans l'année par actif et des rendements souvent supérieurs à cinq tonnes par hectare, la production brute annuelle d'un riziculteur français ou américain est de cinq cents tonnes : mille fois supérieure à celle du paysan malgache. Même si l'on estime qu'il lui a fallu consommer des intrants et user du matériel pour un montant équivalent aux quatre cinquièmes de la récolte, la valeur ajoutée d'un travailleur camarguais ou nord-américain est de l'ordre de cent tonnes par an, soit deux cents fois plus que celle du paysan pauvre de Madagascar !

	Riziculture manuelle à Madagascar	Riziculture mécanisée de Louisiane
Surface annuelle par actif	0,5 ha	100 ha
Rendement à l'ha	1,1 t / ha	5 t / ha
Production brute par actif et par an	0,55 t / actif	500 t / actif
Coût des intrants et matériels	100 kg / ha (semences)	env. 400 t / actif
Production nette par actif et par an	0,5 t	100 t /actif

Cela signifie que, sur le marché de Tananarive, la famille paysanne ne pourra vendre son sac de riz qu'en acceptant que son travail soit rémunéré deux cents fois moins que celui de ses concurrents. N'est-ce pas une forme de vol ? Légal certes, mais socialement au moins aussi destructeur que ceux qui tombent sous le coup de la loi. Circonstance aggravante : cette injustice est renforcée par certaines lois du Nord, relatives aux aides agricoles qui, en subventionnant les agriculteurs, leur permettent d'exporter leurs productions à des prix de dumping !

Le protectionnisme est devenu un gros mot. Mais combien de temps allons-nous nous voiler la face ? Le Sud ne pourra pas se nourrir et garder ses paysans dans les campagnes sans revenus suffisant, c'est-à-dire sans intervention protectionniste aux frontières. Les gouvernements des pays du Sud doivent imposer des droits de douane, éventuellement dans le cadre de marchés communs régionaux, sur l'importation des produits vivriers. C'est la seule solution pour que les paysans puissent vendre leurs productions plus cher, bénéficient d'une rémunération supérieure à celle qu'ils perçoivent aujourd'hui, et donc puissent vivre dignement de leur travail sans avoir à quitter prématurément leurs campagnes. En outre, les revenus tirés de ces droits de douane permettraient aux États de financer des grands chantiers (entretien de routes, adductions d'eau et autres infrastructures d'intérêt général) qui redonneraient un travail aux paysans qui ont dû fuir leurs campagnes et survivent à la périphérie des grandes villes.

Utopique ? Le Sud doit l'imposer avec force face à des pays du Nord qui, de plus en plus, vont se rendre compte, au moins par la pression de l'immigration clandestine, qu'il est également dans leur intérêt de rétablir un peu de justice dans les échanges agricoles internationaux.

Contre le « libre »-échange : un vrai commerce équitable

Cette protection tarifaire irait bien sûr à l'encontre du « libre »-échange et ne serait absolument pas conforme aux objectifs assignés aux négociations internationales en cours à l'OMC dans le cadre du fameux « cycle de Doha »[1]. Certains économistes

1. Le cycle de Doha est le dernier cycle de négociations commerciales entre les membres de l'Organisation mondiale du commerce (OMC) dont l'un des principaux objectifs est théoriquement d'améliorer les perspectives commerciales des pays en développement en facilitant notamment l'accès

ne manqueront d'ailleurs pas de signaler qu'en protégeant ainsi les agricultures du Sud de l'importation de produits vivriers à bas prix, on dissuadera les familles paysannes de réorienter leurs systèmes de culture ou d'élevage actuels vers d'autres productions pour lesquelles leurs pays présentent pourtant de réels avantages comparatifs. Pourquoi faudrait-il, nous dit-on, que les paysans du Sud continuent de faire autant d'efforts pour produire chez eux les biens qui exigent beaucoup moins de travail ailleurs ? Ne serait-il pas mieux qu'ils se spécialisent dans les productions pour lesquelles ils bénéficient de conditions avantageuses sur le marché international ? Reprenons l'exemple de la famille paysanne malgache : pourquoi devrait-elle à tout prix produire du riz ? N'a-t-elle pas plutôt intérêt à se spécialiser dans les produits tropicaux (café, cacao, bananes, etc.) que les nations du Nord sont incapables de produire chez elles ?

La théorie des « avantages comparatifs » dit ceci : « Renoncez à produire chez vous ce qui peut être produit à moindre coût ailleurs, recentrez vos économies sur les productions pour lesquelles vous bénéficiez de réels avantages comparatifs et que

---

aux marchés agricoles des pays riches par l'élimination progressive des subventions à l'exportation et les réductions des mesures de soutien interne.

vous échangerez sur le marché international ; toutes les nations en sortiront gagnantes. » En théorie, c'est imparable. Dans la réalité, cela ne se passe pas comme ça.

Ainsi, à Madagascar, en Côte-d'Ivoire, au Ghana, au Cameroun, au Nigeria, en Éthiopie, au Kenya, au Mexique, en Amérique centrale, en Colombie, au Brésil, en Équateur, en Indonésie, en Malaisie, au Vietnam, etc., des millions de paysans se sont déjà spécialisés dans les produits tropicaux destinés à l'exportation, pour ne pas devoir être concurrencés par les exploitations moto-mécanisées du Nord, d'Argentine et du Brésil. Certes, les écarts de productivité sont bien moindres sur ces cultures, qui restent manuelles dans quasiment tous les pays, mais pour quel bénéfice ? La production de ces produits tropicaux a tellement augmenté que leurs prix ont chuté à un niveau… qui ne permet plus une rémunération supérieure à celle des céréales ou des tubercules qu'ils cultivaient jadis. La théorie des avantages comparatifs ne fonctionne donc pas. Les paysans hésitent parfois à arracher leurs plants de caféiers et de cacaoyers pour se reconvertir aux productions alimentaires lorsque les prix du café et cacao descendent trop bas, car il s'agissait pour eux d'un investissement à long terme. Et c'est pourquoi les bas prix du café et du cacao peuvent perdurer encore longtemps. Difficile dans ces conditions d'acheter les vivres que l'on a cessé de produire... mais qui sont néanmoins nécessaires à la survie des familles.

Le drame est qu'en termes agricoles, les prix du marché reflètent très mal la vraie valeur des produits, à savoir la quantité de travail totale qui a été nécessaire à leur production[1]. C'est vrai sur les petits marchés du Sud comme on l'a vu avec les deux sacs de riz mais aussi dans les rayons de nos hypermarchés du Nord. Lorsqu'on hésite chez notre épicier entre une bouteille d'huile de colza ou d'huile d'arachide, on ignore que leurs prix de vente quasiment identiques masquent une inégalité profonde : il a fallu deux cents fois plus de travail pour produire l'arachide à la main dans une exploitation du Sénégal que le colza dans une exploitation française équipée de tracteurs et de moissonneuses-batteuses ! Lorsque la France et le Sénégal s'échangent, à peu près aux mêmes prix, de l'huile de colza et de l'huile d'arachide, ils s'échangent en fait une quantité de travail contre deux cents.

1. La valeur travail d'une quantité donnée d'un produit quelconque est égale à la quantité de travail totale qui a été nécessaire pour sa production, à savoir : la somme de la quantité de travail déployée par le producteur direct, celle fournie préalablement pour la fabrication des matières premières et celle qui est nécessaire pour l'entretien et le renouvellement des matériels, compte tenu de la quantité totale de biens qu'il est possible de produire avec ces derniers.

En apparence l'échange paraît égal (même prix) ; en réalité il est totalement inégal, car il impose aux paysans du Sud d'être deux cents fois moins rémunérés que leurs concurrents du Nord.

Ce prétendu « libre »-échange est donc une forme de pillage tout ce qu'il y a de plus légal. Et la théorie des avantages comparatifs une fiction économique qui ne passe pas la barrière des faits. Tôt ou tard, nous devrons donc renoncer à l'un et à l'autre. Car il ne pourra y avoir de vrai commerce équitable qu'en autorisant les pays du Sud à réaliser ce que l'Europe, les États-Unis et le Japon ont fait au lendemain de la Seconde Guerre mondiale : protéger leur agriculture paysanne de l'importation massive de produits vivriers à bas prix. Car il n'y aura pas de sécurité alimentaire dans ces pays tant qu'ils ne parviendront pas à reconquérir leur souveraineté en la matière. Car il n'y aura pas d'arrêt à l'hémorragie des campagnes et de baisse de l'immigration clandestine vers le Nord tant que celui-ci imposera aux paysans du Sud une concurrence déloyale.

Le principal mérite des organisations de solidarité internationale qui œuvrent de nos jours pour le commerce équitable (Artisans du monde, Max Havelaar, Minga, Éthiquable, etc.) est de nous montrer concrètement, au quotidien, les effets que peuvent réellement avoir des prix agricoles stables et rémunérateurs pour le bien-être des paysans du

Sud. Mais l'erreur serait de croire qu'il nous suffirait d'être plus nombreux à acheter plus cher leurs produits d'exportation pour que le commerce international devienne plus juste. Le commerce ne deviendra vraiment équitable que si l'on parvient à changer les règles du commerce international.

La question n'est d'ailleurs pas tant celle des prix des biens destinés à l'exportation (café, cacao, arachide, etc.) que ceux des produits vivriers (riz, maïs, mil, sorgho, etc.) car les paysans du Sud, pour gagner plus sur les produits destinés à l'exportation, doivent commencer par vendre plus cher les denrées alimentaires destinées aux marchés intérieurs. Si les prix de ces derniers augmentent, les paysans du Sud y consacreront plus de temps et de terre ; il y aura donc une réduction de l'offre globale de produits d'exportation et donc une augmentation mécanique de leurs prix. Le vrai commerce équitable, ce n'est donc pas acheter dans son supermarché du café, du quinoa ou des noix de cajou « équitables » – même si cet achat est évidemment plus intelligent et responsable que celui d'un produit non équitable –, c'est permettre enfin aux paysans du Sud de vendre leurs productions vivrières à de meilleurs prix. À leur juste prix.

Mon propos n'est pas d'être antilibéral par principe ou idéologie politique. Je pars d'un constat : le libre-échange en matière agricole est inéquitable.

Nos gouvernements choisissent néanmoins de le préserver car ils estiment qu'il reste le système le plus efficace ? Très bien, mais ces chantres du libéralisme ne doivent plus en cacher les conséquences : l'affectation optimale des ressources à l'échelle internationale, telle que modélisée par les néoclassiques, consisterait à accueillir plus de gens dans les régions où les terres sont fertiles et le climat tempéré et délester les régions tropicales les plus défavorisées et les moins bien équipées de leurs paysans « en surnombre ». En toute logique libérale, demander aux nations du Sud d'acheter nos surplus agricoles à bas prix suppose que nous soyons prêts à accueillir les miséreux du monde. Bizarrement, les chantres du libéralisme se font très discrets sur ce deuxième aspect…

10

Quel avenir pour nos campagnes et nos agriculteurs ?

Arrêtons la course au productivisme : nous n'avons plus grand-chose à y gagner !

Autoriser les nations du Sud à produire par elles-mêmes, et en quantité suffisante, les vivres dont elles ont le plus besoin implique que nous renoncions à vouloir leur brader nos surplus de produits alimentaires « tout venant ». Cela tombe bien : la course au productivisme des agriculteurs français n'est pas une voie d'avenir car la France ne dispose pas de réels avantages comparatifs pour la fourniture de denrées standard produites à grande échelle. Il est même certain que l'intérêt de l'agriculture française est de renoncer au plus vite à cette course folle et perdue d'avance.

Notre recours intensif aux engrais de synthèse et aux produits phytosanitaires fait que les rendements céréaliers français sont déjà deux fois supérieurs à ceux des États-Unis et trois fois plus élevés qu'en Ukraine. Sauf à abîmer encore plus son environnement et à voir ses coûts de production s'envoler (car ces produits dérivés du pétrole coûteront de plus en plus cher), la France a peu de marge de progression pour accroître ses rendements. Dans une compétition mondiale où ce qui compte, ce n'est pas seulement les rendements à l'hectare mais la productivité du travail par unité de produit, la France risque donc de se faire rapidement rattraper par les grandes puissances exportatrices qui disposent encore de vastes superficies de terres arables et où prédominent des formes d'agriculture plus extensives : Australie, Argentine, Brésil, Ukraine, Russie, Kazakhstan, Canada, États-Unis, etc. Parce qu'ils vont pouvoir, en étendant leurs surfaces cultivées, faire des économies d'échelle et accroître leurs rendements à l'hectare avec des coûts de production (main-d'œuvre notamment) bien plus faibles que les nôtres, ces pays seront demain des concurrents redoutables pour les agriculteurs français sur les marchés mondiaux. La France et l'Europe n'ont donc rien à gagner à continuer cette course au productivisme dans laquelle elles ne pourront maintenir leur rang que pour quelques années seulement, et à des coûts importants en énergie, en produits chimiques et en dégâts environnementaux. À moyen terme, notre intérêt est au contraire de réorienter nos agricultures en tenant soigneusement compte des diverses potentialités productives et caractéristiques écologiques de chaque terroir.

Rediversifions les systèmes de production : des porcs en Beauce et des céréales en Bretagne !

En revenant à une agriculture plus diversifiée (mais pas moins savante ni performante), qui associe plus fréquemment culture et élevage, nos agriculteurs pourront fait valoir leurs différents avantages comparatifs en proposant des produits fermiers, biologiques et de terroir, tout en garantissant la qualité écologique des territoires (recyclage des matières organiques au sein même des exploitations, stockage du carbone sous la forme d'humus dans les sols, couverture végétale maximale des terrains, maintien de prairies permanentes enrichies en légumineuses, présence d'abeilles et autres insectes auxiliaires des cultures, transformation locale des produits, substantielles économies en eau, carburants et engrais de synthèse, etc.).

Dit ainsi, cela ressemble à un rêve d'écolo post-soixante-huitard. « Et pourquoi ne pas proposer aux grands céréaliers de la Beauce de produire des fromages de chèvre ? » ironiseront les sceptiques.

Mais regardons la Beauce justement, ou encore la Brie, la Picardie : combien de temps ces régions pourront-elles encore maintenir ce déséquilibre écologique qui empêche la fertilisation organique des sols – et donc impose l'usage massif d'engrais de synthèse –, qui voit les nuisibles se multiplier – comme ces pucerons qui prolifèrent depuis que les coccinelles ont été éradiquées –, qui a supprimé toutes les prairies temporaires et cultures de légumineuses fourragères – ce qui nous oblige à importer massivement du soja transgénique américain ou brésilien ? Bref, un déséquilibre qui, chaque jour, augmente les coûts de production.

Quand je dis que ce déséquilibre est intenable, ce n'est pas seulement d'un point de vue écologique, mais également économique. La course au productivisme est certes dangereuse pour l'environnement, elle ne l'est pas moins pour les finances, à terme, de nos agriculteurs.

Nous pouvons donc parier que ces grandes terres de cultures céréalières que sont la Beauce, la Brie ou la Picardie devront à terme accueillir de nouveau des élevages et établir des bocages. À l'inverse, la Bretagne ne pourra pas tenir éternellement sans produire de nouveau des céréales afin que les animaux puissent reposer tranquillement sur des litières : ainsi pourra-t-elle produire de nouveau du fumier et fertiliser naturellement ses sols…

sans polluer les nappes phréatiques. Et les producteurs du Béarn, n'auraient-ils pas intérêt à mettre fin à leur monoculture en cultivant, par exemple, des variétés locales de haricots sous l'ombrage de leur maïs en plein champ comme le font déjà certains agriculteurs pour leur consommation personnelle (de cassoulet bien sûr...) ?

Ces gestes quotidiens le prouvent : diversifier les systèmes de culture revient aussi à cultiver des variétés oubliées. Le paysan qui fait pousser des variétés anciennes de haricots dans son arrière-cour fait plus qu'améliorer son quotidien, il fait acte de résistance aux méthodes productivistes qu'il met en œuvre par ailleurs. Le lobby des grandes compagnies semencières a imposé un système qui n'autorise la commercialisation et la mise en culture que d'un nombre limité de semences, celles inscrites au catalogue officiel du GNIS. Absurde, dangereux, ce carcan juridique – mis à mal par les pratiques quotidiennes de nombreux paysans ou les actions militantes de certaines associations comme Kokopelli[1] – doit sauter. Il est plus que temps de

1. Cette association s'est fixé comme objectif de récupérer et reproduire les semences de variétés ayant fait autrefois l'objet d'une sélection paysanne mais désormais en voie de disparition car non inscrites au catalogue du GNIS. Ce travail d'intérêt public de sauvegarde de notre patrimoine variétal est réalisé aujourd'hui en toute illégalité.

retrouver et cultiver les variétés qui ont fait l'objet d'une sélection à travers les âges et sont donc les plus adaptées à chaque territoire.

Diminuons notre dépendance aux importations agricoles : plus de luzerne et moins d'algues vertes !

On le sait peu, la France, grande puissance agricole, est un géant aux pieds d'argile. Notre agriculture et notamment nos élevages sont en effet dépendants d'importations de légumineuses (les plantes qui donnent des protéines). En clair, les porcs, les volailles et les vaches françaises ont besoin de soja, de surcroît transgénique, en provenance du Nouveau Monde pour se nourrir. Et le pire est que cette dépendance est la conséquence de choix politiques consistant à privilégier les céréales et le sucre, plutôt que la luzerne et les fèves ; or le territoire français est naturellement une terre où poussent de la luzerne et des trèfles depuis toujours. Pour réduire notre dépendance, il faudrait donc qu'on utilise les terres actuellement dévolues à la surproduction de sucre et de céréales pour y implanter des plantes de la famille des légumineuses : trèfle, luzerne, vesce, sainfoin, lotier, féveroles et pois fourrager pour l'alimentation animale ;

haricots, pois chiches, lentilles et petits pois pour la consommation humaine.

Cette réintroduction des légumineuses dans l'agriculture française peut sembler une mesure secondaire, mais on touche là à un point essentiel. Comme au Sud, l'intégration de ces cultures dans nos systèmes de production ne visera pas seulement à réduire notre dépendance à l'égard des importations, cela réduira également notre consommation d'engrais azotés de synthèse. En effet, comme nous l'avons vu, les résidus des légumineuses contribuent à fertiliser par la voie biologique les sols en azote, ce qui évite aux agriculteurs d'employer des engrais de synthèse (nitrates, urée, sulfate d'ammonium) qui, en plus de coûter cher, sont à l'origine d'émanations de protoxyde d'azote, un puissant gaz à effet de serre.

Cultiver davantage de légumineuses n'a donc que des avantages. Mais les agriculteurs ne le feront qu'à partir du moment où ils auront intérêt à le faire. Ils ont donc besoin de prix de marché stables et rémunérateurs… ce qui implique inévitablement l'instauration de droits de douane à l'importation des protéagineux (principalement le soja) issus du Nouveau Monde. Et cela ne pourra sans doute pas se faire sans la remise en cause des accords internationaux de Blair House de 1992, aux termes desquels l'Europe s'est engagée à ne pas mettre en place de telles protections aux frontières... pour conserver le droit de subventionner directement ses agriculteurs pour des productions excédentaires, exportées à prix de dumping. C'est donc à cela qu'il va nous falloir mettre fin. Pour développer les cultures de légumineuses et donc réduire notre dépendance aux exportations de soja du Nouveau Monde, nous devons renoncer à exporter vers le Sud nos surplus de céréales, sucre ou poudres de lait. Un sacrifice qui n'en est pas forcément un...

Développons les labels et la filière bio : la restauration collective peut donner l'impulsion !

Évidemment, ces systèmes de production plus diversifiés et plus artisanaux, dans lesquels entrera en plus la culture de légumineuses, sont également plus exigeants en travail. Pratiquer simultanément plusieurs cultures (céréales, tubercules, plantes textiles et fourragères, etc.) dans une même unité de production agricole et leur associer de surcroît une ou plusieurs activités d'élevage exige bien plus de main-d'œuvre que n'importe quelle monoculture réalisée à très grande échelle. Ce supplément de travail devra donc être rémunéré. Et il ne le pourra que si les producteurs bénéficient de prix suffisamment rémunérateurs, incitatifs et stables. De leur côté, les consommateurs ne sont prêts à acheter plus cher les produits alimentaires que s'ils peuvent être d'emblée assurés de leur qualité. Cette diversification des systèmes de culture devra donc s'accompagner d'un développement des procédures de certification, de labellisation et d'indication géographique protégée (appellation d'origine contrôlée, AOC), avec la participation conjointe des transformateurs, commerçants, consommateurs et associations de protection de l'environnement. C'est ce qui existe déjà pour les produits issus de l'agriculture biologique (label AB), pour plusieurs fromages et vins d'origine protégée (comté, beaufort, camembert de Normandie, bordeaux, bourgogne, etc.), ou pour les produits Label rouge[1].

Pour favoriser la consommation de ces produits labellisés, et pérenniser une véritable filière bio[2],

1. Le Label rouge est un signe de qualité, dont le cahier des charges est enregistré par l'État. Il concerne aujourd'hui un peu plus de cinq cents produits en France.

2. Sans doute faudra-t-il, en France, parvenir à la création de centres de collecte décentralisés, dans chacune des régions ou chacun des pays, afin de pouvoir enfin concurrencer les cinq centrales d'achat de la grande distribution qui font actuellement la loi sur le marché intérieur.

nous disposons d'un levier très efficace : la restauration collective. L'idée est de garantir aux exploitants agricoles qui respectent une charte « bio » ou « durable » des prix stables et rémunérateurs. Certaines municipalités comme Lorient, Charleville-Mézières, Saint-Étienne ou Lons-le-Saunier ont déjà commencé à mettre en œuvre de tels contrats avec des groupes de producteurs agricoles pour approvisionner leurs cantines en produits bio et de qualité. Des filières d'approvisionnement se mettent ainsi en place avec la participation des producteurs, et ces villes recréent progressivement à leur périphérie des ceintures maraîchères qui permettent un approvisionnement en circuit court, « du champ à l'assiette », des fruits et légumes. C'est ce qu'a mis en place la ville de Rome, depuis déjà 2001, en imposant des produits bio et de proximité à ses cantines scolaires. Résultat : dix ans plus tard, une véritable filière bio s'est développée autour de la capitale italienne, devenue la capitale européenne la mieux approvisionnée en produits bio bon marché[1].

1. 70 % des denrées destinées aux cantines scolaires de Rome (crèches, écoles primaires et collèges) sont aujourd'hui des produits bio et de saison en provenance du Latium.

Avec des associations comme les AMAP[1], de plus en plus nombreux sont les Parisiens, comme d'autres habitants de grandes villes de province, qui développent à leur tour des circuits courts ; et avec un certain succès, puisque la plupart de ces AMAP sont prises d'assaut et comptent de longues listes d'attente. Mais cela ne peut suffire à mettre en place des filières bio autour des grandes agglomérations. Il faudra pour cela l'impulsion de la restauration collective qui, à quelques remarquables exceptions près, n'a toujours pas pris le virage du bio : dans la restauration collective, la somme totale des pruduits bio ne représentait en 2010 que… 18 % du marché. C'est pourtant en subventionnant le bio dans les cantines des écoles primaires, les collèges, les lycées, les hospices et les comités d'entreprise, on démocratisera l'accès aux produits de qualité et on pérennisera l'agriculture biologique. On peut d'ailleurs regretter que, suite au Grenelle de l'environnement, cette impulsion soit intégralement à la charge des collectivités

1. Associations pour le maintien de l'agriculture paysanne : ces associations naissent en général de la rencontre d'un groupe de consommateurs et d'un producteur paysan. Les deux parties établissent un contrat d'approvisionnement en circuit court, de manière périodique (le plus fréquemment hebdomadaire), avec un paiement anticipé des livraisons en échange du respect d'un cahier des charges préalablement négocié.

territoriales, et non pas des États *via* les aides de la PAC.

La nouvelle PAC de 2013 : une occasion historique à ne pas manquer !

Les Européens se sont engagés à réformer la PAC à partir de 2013[1]. Cela devrait être une occasion historique de mettre en place une politique de régulation des prix et des marchés agricoles qui favorise des formes d'agriculture plus artisanales, autrement dit plus créatrices d'emplois, et plus respectueuses de l'environnement. Une fenêtre de tir s'ouvre devant nous, mais saurons-nous la mettre à profit ?

Une politique de prix plutôt qu'une politique de subventions

Il ne faut pas croire que les agriculteurs européens qui bénéficient des subventions de la PAC pour (sur)produire du blé, du lait ou du sucre soient satisfaits de cette situation. D'une part, ils trouvent

1. En juin 2003, les vingt-sept États membres de l'Union européenne se sont engagés à reformuler la politique agricole commune pour les années 2013 et suivantes.

les conditions imposées par Bruxelles ou l'État français pour recevoir ces aides bien trop technocratiques et tatillonnes, sans prise en compte des spécificités locales. D'autre part, ils n'ont jamais demandé à être assistés. La plupart des agriculteurs regrettent en fait l'époque où leur rémunération était assurée par la vente de leurs productions à des prix suffisamment élevés et stables.

Pour inciter les agriculteurs à pratiquer les systèmes de production les plus respectueux de l'environnement et de la qualité des aliments, tout en mettant en valeur la diversité de leurs terroirs, rien ne sert donc d'imaginer de nouvelles subventions. Il vaut mieux agir sur les prix. Comment ? En gérant tout d'abord des stocks régulateurs, afin d'éviter une trop grande volatilité des prix sur le marché intérieur de l'Union, comme cela était fait lors des premières années du marché commun agricole[1]. En évitant les excédents structurels ensuite. Pour cela, l'Union européenne devra faire avec les céréales ce qu'elle a fini par faire, mais trop tardivement et timidement,

1. Le principe est que l'Union européenne s'engage à stocker les surplus lorsque les récoltes sont trop abondantes et à les remettre sur le marché commun lorsque interviennent des pénuries momentanées, suite à de brutales intempéries. On parvient ainsi à faire en sorte que les prix ne viennent pas à s'effondrer exagérément en période de surproduction momentanée, ni à s'élever excessivement en période de très mauvaise récolte.

avec le lait et le sucre : imposer des quotas, et les indexer sur le nombre d'actifs plutôt que sur la surface des exploitations comme c'est encore le cas aujourd'hui. En échange de son renoncement à produire des surplus exportés à des prix de dumping, l'Europe pourrait protéger et développer ses cultures de protéagineux (soja, féveroles, pois fourragers, etc.) en érigeant des droits de douane sur ces produits. Comme on l'a vu, moins de terres dédiées aux céréales et à la betterave, c'est potentiellement plus de terrains dédiés à la production des protéines végétales et donc moins d'importation de soja transgénique… et moins de consommation d'engrais azotés de synthèse car plus de fertilisation organique des sols ! Ne serait-ce que diminuer nos émissions de gaz à effet de serre conformément aux accords de Kyoto, nous devrons aller dans cette voie. Et regarder les effets de la politique actuelle sur le Nouveau Monde devrait nous inciter à ne plus tarder : est-il raisonnable de continuer de demander aux Brésiliens d'étendre leurs surfaces en soja aux dépens de la forêt amazonienne ? Est-il raisonnable que les producteurs brésiliens et argentins cultivent du soja pour alimenter nos cochons ou de la canne à sucre pour produire de l'éthanol pour nos voitures, quand nombre de leurs compatriotes souffrent encore de la faim et de la malnutrition ?

Rémunérer directement les agriculteurs comme « jardiniers du paysage »

La nouvelle PAC devrait donc proposer plus de régulation des marchés agricoles et moins de subventions directes aux agriculteurs. Ce qui ne veut pas dire qu'il faille exclure par principe celles-ci. Certains services d'intérêt général, notamment environnementaux[1], pourraient tout à fait être pris en charge par la collectivité. Pourquoi les paysans ne pourraient-ils pas être rémunérés pour la protection des sources d'eau potable, l'entretien des bocages, le fauchage ou le pâturage des prairies avant la chute des neiges pour éviter les avalanches en zones de montagne, l'élevage d'insectes pollinisateurs pour la fécondation des plantes de jardin et de verger, etc. ? Quelle honte y aurait-il pour les paysans à être qualifiés, comme le récusent certains leaders de la FNSEA, de « jardiniers du paysage » ? Ils le sont de fait et méritent salaire quand ce travail est fait dans le respect des territoires et de l'environnement. Les leaders de cette fédération considèrent encore trop souvent que les exploitants agricoles sont et doivent être des « entrepreneurs » comme les autres, pas des fonctionnaires ou des

---

1. Auxquels il faudrait aussi, bien sûr, ajouter des politiques foncières destinées à aider l'installation de jeunes agriculteurs plutôt que l'agrandissement des exploitations déjà performantes.

paysans travailleurs à qui il pourrait être demandé des services environnementaux. Mais, ce faisant, ils ne voient pas que c'est à cause de cet aveuglement idéologique, et des dégâts écologiques qui en résultent, que les consommateurs et associations environnementalistes en viennent à stigmatiser leur profession[1] !

Un bonus-malus écologique sur les productions agricoles

D'une façon ou d'une autre, la question environnementale sera au cœur de la redéfinition de la PAC. Tôt ou tard, nous n'échapperons pas à l'obligation de taxer plus lourdement les énergies fossiles et d'interdire l'emploi des pesticides les plus dangereux. Autant commencer sans plus tarder tout en mettant en place un système d'incitations pour aller vers des systèmes de production plus respectueux de l'environnement. Il faut en effet dissuader nos agriculteurs d'utiliser les intrants dont la fabrication demande beaucoup trop d'énergies fossiles

1. Les agriculteurs gardent ainsi un souvenir douloureux de la campagne d'affichage lancée par la Fédération nationale de l'environnement (FNE) lors du Salon de l'agriculture de 2011 où l'association dénonçait, images chocs à l'appui, les importations d'OGM, la prolifération des algues vertes et les dangers liés aux pesticides.

(carburants à base de pétrole, engrais de synthèse, produits phytosanitaires, etc.). Et les encourager à leur substituer des composants organiques dont la production exige principalement de l'énergie solaire (huile végétale pure pour actionner les tracteurs, bois pour le chauffage des bâtiments d'exploitation, fumier et compost pour la fertilisation des sols, etc.). Bref, taxer les pesticides et redistribuer intégralement les recettes de la taxe à ceux qui se convertissent au bio[1], tout en laissant les paysans libres de décider eux-mêmes du choix des techniques de culture et d'élevage. Aujourd'hui, une voiture a un bonus ou un malus écologique. Pourquoi n'en serait-il pas de même pour les produits agricoles dont l'impact sur l'environnement est au moins aussi important que celui de l'industrie automobile ?

Ce système de bonus-malus, à l'origine défendu par les partis verts et la mouvance écologique, trouve peu à peu des supports dans d'autres familles politiques. Mais encore insuffisamment, si l'on en

1. La conversion au bio est coûteuse car le moindre rendement des deux premières années n'est pas encore compensé par la certification et le prix plus rémunérateur qui en découlent, généralement au cours de la troisième année. Pour qu'un agriculteur se convertisse au bio, il faut assurer financièrement le coût de la transition sur cette période de trois ans.

juge par les toutes dernières propositions de la Commission européenne (octobre 2011). Certes, celle-ci propose de conditionner une part croissante des aides de la PAC au respect d'un certain nombre de mesures de « bonne gestion » des ressources naturelles : diversification des cultures, maintien de prairies permanentes, mise en place de réservoirs de biodiversité, etc. Mais ces propositions de « verdissement » de la PAC restent encore bien trop timides et ne mettent pas vraiment fin au système actuel de subventions découplées de la production, accordées en fonction de « droits historiques » (autrement dit d'avantages acquis antérieurement) et n'ayant pratiquement plus d'effet incitatif ou dissuasif sur les processus de production. Parachutées depuis Bruxelles, les nouvelles conditions environnementales paraissent encore bien trop bureaucratiques et risquent de ne pas être toujours adaptées à la diversité des terroirs et à la complexité des systèmes de production agricole mis en œuvre en leur sein. Saurons-nous inciter le Conseil des ministres des vingt-sept pays constitutifs de l'Union européenne et le Parlement européen à aller plus loin ? En tout cas, il y a urgence.

Conclusion

En 2050, l'agriculture bio peut nourrir la planète

Les raisons de « manger bio » ne manquent pas. Manger bio, c'est d'abord manger mieux. Mais pas forcément au sens où nous le croyons. Les produits bio ne sont pas forcément plus « riches ». Certes les fruits et légumes biologiques contiennent plus de vitamine C, antioxydants[1], magnésium, fer et zinc, autant d'éléments dont nos rations sont trop souvent déficitaires, mais les défenseurs de l'agriculture industrielle auront beau jeu de remarquer que leurs céréales contiennent souvent plus de protéines que les céréales bio. C'est exact, pourtant ces dernières ont un bien meilleur équilibre en acides aminés essentiels[2] et leur moindre teneur

1. On trouve 10 % à 20 % de polyphénols en plus dans les fruits et légumes bio.

2. Acides aminés (lysine, tryptophane, méthionine, etc.)

globale en protéines n'est pas forcément un handicap : elle est par exemple favorable aux consommateurs allergiques au gluten[1]. Cette caractéristique qui pourra apparaître anecdotique aux yeux de beaucoup de lecteurs a le mérite de nous rappeler qu'un aliment n'est pas bon en soi, à lui tout seul. Aucun ne peut contenir tous les éléments indispensables à notre nutrition. L'important est d'avoir une alimentation variée pour équilibrer glucides, protéines, lipides, fibres, vitamines, minéraux, antioxydants, etc. Les céréales bio sont certes moins protéinées mais ce n'est pas forcément moins bon pour la santé. Associées à des légumes secs, elles offrent même au consommateur une ration équilibrée en protéines avec une plus grande diversité d'éléments essentiels et un moindre risque d'intolérance ou d'allergie. En somme, les aliments bio sont d'abord meilleurs par ce qu'ils n'ont pas : moindre teneur de nitrates dans les fruits, de produits phytosanitaires dans les légumes, d'antibiotiques et autres substances médicamenteuses dans les viandes, etc.

---

que notre organisme ne parvient pas à synthétiser par lui-même et qui doivent donc être impérativement apportés par notre alimentation.

1. Fraction azotée des céréales, le gluten joue un rôle important dans le gonflement de la pâte lors de la panification. Mais sa consommation en excès peut être à l'origine d'allergie.

Quant au goût, pas besoin d'être un militant de l'agriculture biologique pour constater que les fruits et légumes des étals de nos supermarchés n'en ont plus beaucoup. Certes, ils sont beaux, sans taches et de couleurs éclatantes, mais leurs qualités esthétiques ont pris le pas sur leurs qualités gustatives. Ce qui n'est pas étonnant puisque les variétés cultivées par l'agriculture conventionnelle n'ont pas été sélectionnées pour ces qualités-là. Nous mangeons des fruits et légumes qui offrent les meilleurs potentiels de rendement à l'hectare, les meilleures facilités de transport, les meilleures durées de conservation sur les étalages, etc. Pas ceux qui ont été sélectionnés pour leur saveur. Pour consommer ces derniers, il faut se tourner vers l'agriculture bio qui emploie les quelques variétés rustiques ayant résisté aux fourches caudines de l'inscription au catalogue. Ou consommer les produits de variétés qui ne sont plus officiellement autorisées à la commercialisation comme cela se produit souvent. Le grand public l'ignore mais plusieurs « légumes de terroir » cultivés en France le sont à partir de semences « interdites ». Une association comme Kokopelli a, pour préserver l'extraordinaire patrimoine hérité de nos aïeux, décidé par exemple de remettre ces variétés en culture et d'en commercialiser les semences… en toute illégalité. Et ce sont évidemment ces variétés que l'on retrouve dans l'assiette des restaurants gastronomiques, pas celles souvent sans goût et sans saveur,

« inscrites au catalogue ». Bref, on marche sur la tête : notre patrimoine est préservé par des « hors-la-loi », et ceux qui font ou profitent de ces lois se retrouvent en position de receleur chaque fois ou presque qu'ils commandent une salade dans un bon restaurant...

On aura beau nous expliquer que l'avenir, ce sont des poulets sans saveur et des tomates gorgées d'eau : les consommateurs dont le goût a été formé préféreront toujours les tomates du jardin et les poulets de la ferme. Dans cette période charnière, l'éducation au goût et à la nutrition décidera en partie de notre avenir. Elle se développe timidement, mais avec succès, dans les écoles comme lors de la Semaine du goût, et c'est une bonne chose, car il faut qu'elle ne soit pas laissée aux grandes marques agro-industrielles. Il est important d'apprendre aux plus jeunes que quelques tavelures sur une pomme sont bien moins graves que des résidus de fongicides... même s'ils sont invisibles. Il est important de rappeler qu'il existe un lien évident et essentiel entre processus de production agricole et qualité gustative et sanitaire de nos aliments.

Et l'environnement ? Sur ce point, les qualités du bio, que nous avons largement détaillées, ne sont contestées par personne. Reste que ces effets favorables ne pourront être tangibles que si les systèmes de culture et d'élevage inspirés de l'agroécologie prennent une autre dimension. Il faut rendre hommage aux « résistants »[1] qui ont su, contre vents et marées, mettre en place des systèmes de production, de commercialisation et de consommation alternatifs à une époque où les rapports de prix et les subventions officielles incitaient au pur et simple productivisme. Mais les fruits de leurs efforts resteront limités tant que leurs systèmes de production demeureront l'apanage de seuls militants. Tant que les cultures bio resteront des « niches », ce qu'elles sont aujourd'hui avec 3 % de la superficie agricole totale[2], leur bénéfice environnemental sera quasi nul, et elles auront même du mal à rester bio. Les principaux problèmes auxquels sont confrontés ces agriculteurs proviennent en effet des déséquilibres écologiques occasionnés par les pratiques agricoles de voisins n'ayant pas encore opté pour des formes de production plus respectueuses de l'environnement. L'agriculture bio ne pourra vraiment se développer et entraîner l'agriculture conventionnelle avec elle que le jour

1. Hommage doit être rendu notamment aux groupements d'agriculture biologique (GAB), au Réseau agriculture durable (RAD), au pôle Initiatives pour une agriculture citoyenne et territoriale (InPACT), aux centres d'initiative pour valoriser l'agriculture et le milieu rural (CIVAM), aux AMAP, à Terre de liens et à Kokopelli.

2. Contre plus de 4 % à l'échelle de l'Europe.

où elle aura atteint un seuil minimal (au moins 20 % des surfaces agricoles).

Certes, on peut se réjouir de voir la progression récente des surfaces consacrées en France à l'agriculture biologique : de cinq cent trente mille hectares en 2008, elles représentent pas loin de sept cent mille hectares en 2011 et devraient atteindre huit cent cinquante mille hectares en 2012[1], mais cela reste encore largement insuffisant (voir graphique 6). Malgré les problèmes de pouvoir d'achat, le bio est l'un des rares marchés en forte croissance (près de 10 % par an) si bien que les 22 000 agriculteurs français aujourd'hui convertis au bio ne peuvent à cette heure satisfaire cette demande ! 40 % des produits bio consommés en France sont importés. Lorsque vous allez acheter des fruits, du lait ou des légumes bio dans un supermarché français, la plupart de ces produits proviennent d'Italie, d'Autriche et d'Allemagne… À ce jour, la France ne s'est vraiment aventurée sur le terrain du bio que pour la viticulture et les fruits et légumes, et encore, de façon bien trop timide. Beaucoup reste à faire pour les céréales, la betterave à sucre, la

1. Estimations qui tiennent compte des exploitations actuellement en reconversion. Rappelons que transformer une exploitation conventionnelle en bio est une démarche qui prend trois ans durant lesquels l'agriculteur se met aux normes exigées pour obtenir le label bio.

pomme de terre et les oléagineux (colza, tournesol), le lait et la viande.

C'est pourquoi il nous faut mettre en place de toute urgence, à l'échelle de l'Union européenne, des politiques de prix agricoles favorables au plein essor des agricultures bio et durables. Et nous avons vu que nous n'y arriverons pas avec seulement des aides directes, mais avec des politiques de prix volontaristes qui assurent des débouchés stables et rémunérateurs pour des aliments de grande qualité et produits dans le respect de l'environnement. Les campagnes en tireront un profit immédiat en matière d'emplois : ces formes d'agriculture artisanales demandent davantage de main-d'œuvre et favorisent la transformation des produits à la ferme ainsi que les circuits courts de commercialisation. Bref, autant de facteurs pour maintenir ou recréer le tissu social de nos campagnes.

Et que l'on cesse d'ironiser : non, il ne s'agit pas d'un quelconque « retour à la bougie ». Je parle là d'agricultures savantes, intelligentes, sachant combiner sur nos terroirs les cycles biochimiques de l'eau, du carbone, de l'azote, du phosphore et des autres éléments minéraux, pour produire l'alimentation et les biens ou services dont notre société a le plus besoin. Envisager l'essor d'une agriculture paysanne inspirée de l'agroécologie ne relève pas d'un quelconque passéisme mais vise à fournir une alimentation saine et à garantir la durabilité de nos systèmes agraires sur la planète. L'opinion des agriculteurs conventionnels à l'égard de l'agriculture biologique commence d'ailleurs à évoluer. Ceux qui, il y a quelques années, voyaient dans l'agriculture biologique un retour au passé m'expliquent aujourd'hui qu'elle est bien trop sophistiquée. Je leur réponds que cette technicité s'apprend par l'expérience, mais bien des agriculteurs qui hésitent encore aujourd'hui ne prendront les risques d'un tel apprentissage que s'ils se sentent soutenus par les pouvoirs publics. Au sein de la communauté scientifique aussi, les idées progressent, comme en témoignent quelques récents rapports d'experts : le rapport *Agrimonde*[1] publié en 2009 par deux de nos plus importants organismes de recherche agronomique français, et plus encore celui de l'IAASTD (Évaluation internationale des connaissances, des sciences et des technologies agricoles pour le développement)[2] prouvent que l'agroécologie n'est plus considérée comme une utopie. Du côté des décideurs politiques en revanche, le poids des lobbies

1. INRA et CIRAD, *Agrimonde : Agricultures et alimentation du monde en 2050. Scénarios et défis pour un développement durable*, décembre 2009, publié en 2010 aux Éd. Quæ.

2. IAASTD, *Agriculture at a Crossroads. International Assessment of Agricultural Knowledge, Science and Technology for Development. Global Report*, UNDP, Washington DC, 2009, www.agassessment.org/reports/IAASTD/En.

se fait davantage sentir et, même si tel ou tel ministre de l'Agriculture ou commissaire européen a une bonne compréhension des déséquilibres agricoles en cours et des mutations à opérer, ses décisions n'en porteront pas forcément la marque.

L'un des arguments les plus souvent avancés par ces lobbies est qu'avec le bio, du fait de la baisse des rendements à l'hectare, nous ne parviendrons jamais à nourrir neuf milliards d'humains en 2050. Or cet argument ne tient pas car ce n'est pas aux pays du Nord de produire plus pour alimenter le Sud ; c'est aux paysanneries du Sud de pouvoir produire davantage par elles-mêmes pour nourrir leurs propres nations. S'il est vrai que l'agriculture biologique se manifeste chez nous par une baisse relative des rendements à l'hectare, il en est rarement de même dans les régions du Sud où les rendements peuvent être accrus sans dommage pour les écosystèmes, pour peu qu'on fournisse à ces paysans quelques moyens rudimentaires : traction animale, charrettes, fumier, plantules, etc. Il existe des marges de manœuvre non négligeables pour qu'ils puissent produire davantage par eux-mêmes en faisant un usage intensif des ressources naturelles renouvelables. D'après un récent rapport des Nations unies[1], les formes d'agriculture durable inspirées de l'agroécologie pourraient doubler la production alimentaire des pays du Sud en dix ans. C'est dire que les formes d'agriculture qui répondent le mieux au cahier des charges de notre agriculture bio seraient parfaitement capables de nourrir l'humanité tout entière. Défendre l'environnement et la qualité de nos aliments en Europe et en France n'est donc pas un caprice de « bobos ». Le bio n'est pas destiné à rester une alimentation pour privilégiés : c'est une opportunité pour le Nord, et la voie la plus sûre pour que le Sud puisse enfin mettre fin à la faim.

1. Olivier de Schutter, « Rapport sur le droit à l'alimentation », présenté à l'Assemblée générale de l'Onu, à Genève, en décembre 2010.

Glossaire

Adventices : Souvent qualifiées de « mauvaises herbes », les herbes adventices sont des plantes nuisibles aux cultures du fait qu'elles les concurrencent pour intercepter la lumière ou puiser l'eau et les éléments minéraux des sols.

Agriculture biologique : Forme d'agriculture n'ayant aucunement recours à des produits chimiques de synthèse (engrais chimiques, pesticides, hormones de croissance, etc.). Cette forme d'agriculture exige généralement des soins méticuleux mais permet le plus souvent d'éviter la pollution de l'air, des eaux et des sols par des molécules toxiques.

Agroécologie : Discipline scientifique étudiant le fonctionnement des écosystèmes aménagés par les agriculteurs. L'agroécologie cherche à expliquer comment interagissent les cycles biochimiques de l'eau, du carbone, de l'azote et d'autres éléments minéraux dans les champs cultivés et les espaces pâturés. Elle s'intéresse aussi aux multiples interactions existant entre climat, sol, plantes cultivées, herbes adventices, insectes pollinisateurs, vers de terre et microbes du sol, faune domestique, animaux ravageurs, etc.

Agroécosystème : Écosystème aménagé par les agriculteurs en vue de favoriser la croissance et le développement de seulement quelques plantes cultivées et animaux d'élevage préalablement sélectionnés. Lorsqu'ils sont simplifiés à l'extrême, les agroécosystèmes peuvent être considérablement fragilisés et soumis à de graves déséquilibres écologiques : perte de la biodiversité, érosion des sols, envahissement des parcelles par de nouveaux insectes nuisibles ou nouvelles mauvaises herbes, etc.

Agroforesterie : Agriculture pratiquée sous un couvert arboré. Les arbres associés aux cultures peuvent jouer divers rôles favorables aux plantes cultivées sous leur frondaison : ombrage protecteur d'un excès d'insolation, brise-vent, hébergement d'insectes auxiliaires des cultures (coccinelles, abeilles, etc.), apport de matières organiques lors de la chute des feuilles, remontée d'éléments minéraux depuis le sous-sol vers les couches arables, etc.

Assolement : Répartition des cultures sur les divers terrains d'une exploitation agricole à un moment donné.

Auxiliaires des cultures : Les insectes auxiliaires des cultures sont des insectes favorables à la croissance et au développement de celles-ci, du fait de leur rôle pollinisateur (abeilles, guêpes, etc.) ou de leur capacité à neutraliser les insectes nuisibles aux plantes cultivées (coccinelles, scarabées, etc.).

Biodiversité : Diversité des êtres vivants (espèces végétales, animales, microbiennes, etc.) et de leurs interactions au sein d'écosystèmes en évolution constante.

Biomasse : Ensemble de la matière vivante (plantes, animaux, champignons, microbes, etc.) et des matières organiques provenant de leur décomposition *post mortem* dans un écosystème donné.

Calorie : Unité de mesure énergétique correspondant à la quantité de chaleur nécessaire pour élever la température d'un gramme d'eau de 15,5 °C à 16,5 °C. La valeur énergétique des aliments est souvent mesurée en kilocalories. Les humains ont besoin de manger quotidiennement de l'ordre de deux mille deux cents kilocalories, en moyenne, pour ne pas avoir faim.

Compost : Terreau résultant de la décomposition de diverses matières organiques (résidus de culture ou de cuisine, litière des animaux, etc.) en présence d'eau et d'oxygène. Son épandage sur les terrains cultivables peut contribuer à maintenir ou même accroître le taux d'humus dans la couche arable des sols.

Couche arable des sols : Couche superficielle des sols pouvant être labourée et dans laquelle se développent la grande majorité des racines des plantes cultivées. Enrichie en humus, cette couche arable peut être le lieu d'une intense activité biologique, avec notamment la présence de nombreux microbes et vers de terre.

Cultures associées : Culture simultanée de plusieurs plantes dans un même champ, les unes apportant un léger ombrage aux autres ainsi qu'une protection à l'égard des vents desséchants. Il est fréquent d'associer des plantes de la famille des légumineuses à des céréales ou à des tubercules de façon à favoriser leur fertilisation azotée par des voies biologiques.

Cyanobactéries, cyanophycées : Appelées parfois « algues bleues », ces bactéries sont capables d'intercepter l'énergie solaire et de fabriquer des hydrates de carbone par le biais de la photosynthèse. Plusieurs d'entre elles sont aussi capables de fixer l'azote de l'air pour la fabrication de protéines.

Économies d'échelle : Diminution des coûts de production unitaire obtenue grâce à une augmentation des quantités produites du fait de l'emploi d'engins motorisés et mécanisés.

Écosystème : Ensemble formé par une communauté de divers êtres vivants (microbes, végétaux, animaux, etc.) et son environnement physique (sol, eau, sous-sol, climat, etc.). Les écosystèmes naturels peuvent présenter une très grande diversité d'espèces vivantes dans un même environnement. Cette diversité dans les agroécosystèmes aménagés par les agriculteurs est généralement bien moindre.

Engrais de synthèse : Engrais fabriqués le plus souvent au moyen d'une synthèse chimique à partir d'éléments minéraux (phosphore, potassium, calcium, etc.) issus de diverses sources.

Essart : Parcelle de forêt ayant été récemment déboisée pour être ensuite mise en culture.

Extensif : Un système de production dit « extensif » exige peu de travail et de capital à l'unité de surface. De faible rendement à l'hectare, il peut nécessiter des superficies importantes par tonne de produit.

Fertilité : Potentialité productive d'un terrain, ou plus largement d'un agroécosystème, lors de son utilisation agricole. Un sol naturellement fertile peut normalement donner des rendements élevés à l'hectare sans apport de grandes quantités d'engrais.

Fourrages : Biomasse destinée à l'alimentation animale (herbes des prairies permanentes ou temporaires, foin, ensilage, enrubannage, graines de céréales et de légumineuses, tourteaux, betteraves et autres racines fourragères, etc.).

Fumier : Mélange de déjections animales (urine et excréments) avec une litière de paille ou de feuilles mortes, soumis à l'action de microbes amorçant sa décomposition. Après enfouissement dans la couche arable des terrains cultivés, le fumier poursuit sa décomposition et se transforme en humus.

Humus : Ensemble de substances provenant de la décomposition de matières organiques dans les sols. La présence d'humus dans les sols peut conférer à ces derniers une certaine capacité à résister à l'érosion et à retenir de l'eau et des éléments minéraux en leur sein. La minéralisation de l'humus en présence d'oxygène peut libérer progressivement des éléments nutritifs (azote, phosphore, potassium, etc.) pour la fertilisation des cultures. Mais l'oxydation du carbone de l'humus aboutit aussi au dégagement dans l'atmosphère de gaz carbonique, gaz qui participe au réchauffement climatique global (effet de serre).

Intensif : Un système de production agricole est dit « intensif » lorsqu'il exige beaucoup de travail et de capital à l'unité de surface. L'agriculture biologique requiert souvent beaucoup de soins de la part des agriculteurs et peut donc être intensive en travail et productive à l'hectare sans pour autant exiger des engrais de synthèse et des pesticides. L'agriculture moto-mécanisée, dite « conventionnelle », est au contraire souvent extensive en travail tout en utilisant beaucoup d'engrais de synthèse et de produits phytosanitaires ; elle est donc surtout intensive en intrants chimiques.

Légumineuses : Les plantes de l'ordre des légumineuses (pois, fèves, lentilles, haricots, trèfle, luzerne, etc.) ont la capacité de fournir des protéines pour l'alimentation humaine ou animale. Leurs racines sont infestées de bactéries du genre *Rhizobium* qui ont la capacité de fixer directement l'azote de l'air en utilisant l'énergie fournie par la légumineuse. Ces bactéries alimentent ensuite les légumineuses en matières azotées assimilables, leur permettant ainsi de fabriquer les protéines. Après récolte, les plantes de l'ordre des légumineuses laissent dans les sols des résidus azotés pour la fertilisation des cultures qui seront implantées au cours des années suivantes.

Matières organiques : Biomasse constituée par les organismes vivants et les matières résultant de leur première décomposition après leur mort. Certaines matières organiques (fumier, compost, etc.) peuvent être utilisées comme fertilisants et contribuer à maintenir ou accroître le taux d'humus des sols.

Méthane : Gaz à effet de serre, de formule CH_4, formé lors de la fermentation de matières organiques en l'absence d'oxygène. La rumination des ruminants et la décomposition des fumiers sont deux sources importantes d'émission de méthane.

Monoculture : Pratique consistant à ne cultiver qu'une seule espèce végétale sur une même parcelle pendant de nombreuses années. Contrairement aux rotations culturales diversifiées, la monoculture crée très souvent un terrain favorable à la prolifération de mauvaises herbes, d'insectes ravageurs et d'agents pathogènes.

OGM : Organisme génétiquement modifié (voir plante transgénique).

Pathogènes : Les agents pathogènes sont des organismes vecteurs de maladies pour les plantes ou les animaux.

Pesticides : Substances susceptibles de tuer les organismes nuisibles aux cultures (herbicides destinés à lutter contre les herbes adventices, insecticides capables d'éradiquer les insectes prédateurs ou vecteurs de virus, fongicides détruisant les champignons pathogènes, etc.). Tous les pesticides ne présentent pas le même degré de toxicité.

Photosynthèse : Processus de fabrication de matières organiques au moyen de plantes vertes (ou de bactéries) capables, pour ce faire, d'utiliser l'énergie solaire. La photosynthèse permet à la plante de fabriquer des hydrates de carbone en son sein à partir du gaz carbonique de l'air et de l'eau puisée dans le sol. Ces hydrates de carbone (sucres, amidon, etc.) peuvent être une source d'énergie alimentaire pour les humains et les animaux herbivores. Pour fixer le carbone du gaz carbonique de l'air, la plante doit pouvoir transpirer et avoir des échanges gazeux avec l'air, ce qui lui devient impossible lorsqu'elle manque d'eau ou est soumise à des vents desséchants. La photosynthèse libère de l'oxygène dans l'atmosphère.

Phytosanitaire : Les produits phytosanitaires sont des substances pesticides destinées à protéger les cultures en place ou les produits récoltés contre d'éventuels organismes concurrents, pathogènes ou prédateurs.

Plante transgénique : Variété de plante dans le patrimoine génétique de laquelle on est parvenu à transférer un gène d'une autre espèce végétale, microbienne ou animale. Pour la plupart des plantes transgéniques actuellement autorisées à la mise en culture dans l'un ou l'autre des pays du monde, cette insertion confère à la plante génétiquement modifiée une résistance à un herbicide ou la capacité de tuer des insectes ravageurs.

Protéagineux : Plantes de l'ordre des légumineuses (soja, pois, lupins, fèves, féveroles, etc.) dont les graines sont riches en protéines. Leurs graines ou leurs tourteaux sont fréquemment utilisés comme fourrages pour les animaux domestiques.

Protoxyde d'azote : Gaz à effet de serre, de formule N_2O, émis particulièrement lors de l'épandage d'engrais azotés de synthèse (urée, ammonitrate, phosphate d'ammonium, etc.).

Rotation culturale : Succession de cultures différentes sur une même parcelle, se répétant à l'identique après un certain nombre d'années. Contrairement à la monoculture, les rotations culturales contribuent à faire travailler différemment les parcelles d'une année à l'autre et à rompre systématiquement les cycles de croissance et de reproduction des mauvaises herbes et des insectes nuisibles, empêchant ainsi leur prolifération sans avoir recours à des pesticides.

Tourteaux : Sous-produits de l'extraction d'huile à partir de diverses graines d'oléagineux (colza, soja, tournesol, etc.) et pouvant servir utilement de fourrage pour les animaux du fait notamment de leur teneur en protéines.

Vaine pâture : Libre pâturage des animaux de quiconque sur l'ensemble des champs venant d'être récoltés sur un territoire donné.

Pour en savoir plus

Altieri A. M., *L'Agroécologie. Bases scientifiques d'une agriculture alternative,* Paris, Debard, 1986.

Bonneuil Ch. et Thomas F., *Gène, pouvoirs et profits. Recherche publique et régimes de production des savoirs, de Mendel aux OGM*, Paris, Éditons Quæ et Fondation pour le progrès de l'homme, 2009.

Doré T., Réchauchère O. et Schmidely Ph., *Les Clés des champs*, Paris, Éditons Quæ, 2008.

Dufumier M., *Agricultures et paysanneries des tiers mondes*, Paris, Karthala, 2004.

FAO, *La Situation mondiale de l'alimentation et de l'agriculture*, Rome, Organisation des Nations unies pour l'alimentation et l'agriculture, 2010.

Griffon M., *Nourrir la planète. Pour une révolution doublement verte*, Paris, Odile Jacob, 2006.

IAASTD (évaluation internationale des connaissances, des sciences et des technologies agricoles pour le développement), www.agasessment.org/docs/IAASTD/GLOBAL/SDM/JAN-2008.

INRA (expertise collective), *Agriculture et biodiversité. Valoriser les synergies*, Paris, Éditons Quæ, 2008.

Le Goff L., *Manger bio, c'est pas du luxe*, Mens, Terre vivante, 2006.

Mazoyer M. et Roudart L., *Histoire des agricultures du monde, du Néolithique à la crise contemporaine*, Paris, Le Seuil, 2002.

Rossi G., *L'Ingérence écologique. Environnement et développement rural du Nord au Sud*, Paris, CNRS Éditions, 2000.

Vélot Ch., *OGM. Tout s'explique*, Athée, Goutte de sable, 2009.

Remerciements

Je voudrais exprimer ici ma plus vive reconnaissance à tous ceux avec qui j'ai eu l'occasion de travailler et débattre au sujet des questions agricoles et alimentaires mondiales : paysans du Sud, agriculteurs du Nord, collègues de l'AgroParisTech, militants d'associations tiers-mondistes et environnementalistes, membres du comité de veille écologique de la Fondation pour la nature et l'homme, etc., sans qui je n'aurais pas été en mesure d'exposer pareillement les idées présentées dans ce petit essai. Un grand merci aussi à Guillaume Allary, qui a pris soin de relire attentivement mon texte et de me suggérer d'y apporter de bien utiles améliorations.

Table

Préambule 9

1. LE GRAND DÉRÈGLEMENT 15
   Au Sud : le manque 15
   Au Nord : le trop-plein 22

2. NOS AGRICULTEURS SONT-ILS DEVENUS FOUS ? 31
   La politique agricole commune ou le cercle vicieux 31
   Le diktat des hypermarchés et groupes agro-industriels ou la fin des paysans 36
   L'« amélioration génétique » ou la perte de la biodiversité 41
   La spécialisation des exploitations agricoles ou la logique du pire 47
   La monoculture et les remembrements ou les aggravations de la logique du pire 50

La course à la productivité ou la victoire à la Pyrrhus 52

3. QUAND LA TRADITION N'EST PAS SYNONYME D'ARCHAÏSME 57
L'expérience du terrain : le premier des atouts 58
L'agriculture sur abattis-brûlis 60
Le nomadisme pastoral 62
Les cultures associées 65
La riziculture inondée 67

4. QUAND LA MODERNITÉ N'EST PAS SYNONYME DE PROGRÈS 69
Le piège de la « révolution verte » 69
Le piège des systèmes extensifs 75

5. QUAND LES CAMPAGNES SE VIDENT 79
La ruée vers les villes 79
La ruée vers les forêts 83
La ruée vers le Nord 86

6. LE MIRAGE DES OGM 91
Les OGM conçus pour éradiquer la faim dans le monde ? 91
Le vrai bilan des OGM de première génération 93
Que faut-il espérer des futurs OGM de deuxième génération ? 96

Arrêtons de nous focaliser sur l'« amélioration » génétique 99

7. CAP SUR L'AGROÉCOLOGIE 103
Utiliser au mieux l'énergie solaire 104
L'agroforesterie 106
Des légumineuses en association et en rotation culturale 109
Associer les diverses activités agricoles 110
Réorienter la recherche agronomique 114

8. REMETTRE LE PAYSAN AU CŒUR DU DÉVELOPPEMENT 117
Promouvoir les agricultures paysannes… .. 117
… en provoquant une nouvelle réforme agraire 120
Assurer l'accès des paysans aux terres agricoles sur le long terme 124
Mettre fin au *land grabbing* 127
Équiper les campagnes 129
Réorienter l'aide publique au développement 130
Financer les agriculteurs 131

9. LE LIBRE-ÉCHANGE AGRICOLE, C'EST LE VOL 137
Sac de riz malgache contre sac de riz de Louisiane 137

Contre le « libre »-échange : un vrai commerce équitable 141

10. QUEL AVENIR POUR NOS CAMPAGNES ET NOS AGRICULTEURS ? 149
Arrêtons la course au productivisme : nous n'avons plus grand-chose à y gagner ! 149
Rediversifions les systèmes de production : des porcs en Beauce et des céréales en Bretagne ! 151
Diminuons notre dépendance aux importations agricoles : plus de luzerne et moins d'algues vertes ! 154
Développons les labels et la filière bio : la restauration collective peut donner l'impulsion ! 156
La nouvelle PAC de 2013 : une occasion historique à ne pas manquer ! 160

Conclusion : En 2050, l'agriculture bio peut nourrir la planète 167
Glossaire 177
Pour en savoir plus 187
Remerciements 189

Cet ouvrage a été imprimé en France par

CPI
BUSSIÈRE

à Saint-Amand-Montrond (Cher)
en janvier 2012

Composition réalisée par PCA
44400 Rezé

N° d'édition : 51690 – N° d'impression : 113787/1
Dépôt légal : février 2012